... Títulos relacionados

IFCD0210 DESARROLLO DE APLICACIONES CON TECNOLOGÍAS WEB

[DISPONIBLE CERTIFICADO COMPLETO]

Solicítalos en

- Librería
- www.paraninfo.es
- Solicitudes nacionales +34 914 463 350
- Solicitudes fuera de España +34 913 308 907
                                              +34 913 308 919

Elaboración de documentos web mediante lenguajes de marca

Xabier Ganzábal García

Paraninfo

© 2024 Ediciones Paraninfo, S. A.
© 2024 Xabier Ganzábal García

Edición y maquetación: Ediciones Nobel, S. A.

Impresión: Liberdigital (Casarrubuelos, Madrid)
ISBN: 978-84-283-6360-0
Depósito legal: M-16233-2024

Impreso en España

Xabier Ganzábal García es catedrático de enseñanza secundaria, en la especialidad de informática. Tiene una dilatada experiencia como docente en ciclos formativos de grado superior, especialmente en las áreas de programación, desarrollo web y bases datos.

Índice

Introducción normativa

La Ley Orgánica 3/2022, de 31 de marzo, de ordenación e integración de la Formación Profesional, contiene una disposición derogatoria única que afecta a la regulación de los certificados de profesionalidad, ahora denominados **Certificados Profesionales.** La referida normativa deroga la Ley Orgánica 5/2002, de 19 de junio, de las Cualificaciones y de la Formación Profesional, y abre un escenario de cambios que se irán implementando progresivamente.

La Ley Orgánica 3/2022, de 31 de marzo, de ordenación e integración de la Formación Profesional implica que toda la formación es acumulable. La oferta formativa se estructura de forma escalonada, siendo los Certificados Profesionales un nivel intermedio (Grado C) de una escala que va desde el Grado A hasta el E.

En los artículos 35 a 38 de la Ley 3/2022 se describe en qué consisten estos Certificados Profesionales: su oferta, formación asociada, estructura, duración, acceso, titulación y validez. Posteriormente, esta normativa se completa con lo dispuesto en el Real Decreto 659/2023, de 18 de julio, que desarrolla la ordenación del sistema de Formación Profesional. Concretamente en los artículos 67 a 81 es donde se hace referencia a la oferta formativa de Grado C, correspondiente a los Certificados Profesionales.

Están agrupados en 26 familias profesionales con características comunes del sector. En la actualidad hay más de medio millar de Certificados Profesionales incluidos en el Repertorio Nacional. Esta cifra no deja de crecer. Además, cada certificado está específicamente regulado por un real decreto.

Un Certificado Profesional corresponde al Grado C de la oferta del Sistema de Formación Profesional. Es un documento oficial, con validez en todo el territorio nacional y debe constar en el Catálogo Nacional de Ofertas de Formación Profesional, que certifica la capacitación para el desarrollo de una actividad profesional.

Debe detallar los módulos profesionales superados y los estándares de competencia profesional asociados a él e incluidos en el **Catálogo Nacional de Estándares de Competencias Profesionales**, así como su correspondencia con el Marco Español de Cualificaciones.

Despliegan su validez en un doble ámbito, laboral y académico:

- En el contexto laboral tienen validez profesional, porque acreditan las competencias en una determinada profesión. Para poder trabajar en algunas profesiones, se exigen determinadas cualificaciones, y los certificados sirven para acreditarlas.

- Asimismo, tienen validez académica, puesto que permiten continuar un itinerario formativo siempre que se cumplan los requisitos de acceso para cursar la titulación deseada. De tal modo que, los Certificados Profesionales que sean parte de un Grado D permitirán la matrícula modular para completar los módulos establecidos en el currículo y obtener el correspondiente título de técnico básico, técnico o técnico superior con validez en todo el territorio nacional.

Para obtener un Certificado Profesional (Grado C) es preciso cumplir con los requisitos de acceso para realizar la formación.

Estructura de los Certificados Profesionales

I. Identificación: denominación, familia y área profesional a la que pertenecen; nivel de cualificación profesional (1, 2 o 3); cualificación profesional de referencia; entorno profesional y módulos formativos que esté previsto cursar junto con la duración de cada uno de ellos.

II. Perfil profesional: incluye las competencias profesionales requeridas en el mercado laboral. En todas ellas se concretan las realizaciones profesionales y los criterios de realización.

III. Formación: describe los módulos formativos que esté previsto cursar para adquirir las competencias requeridas. En cada uno de ellos se indican las capacidades que se pretende alcanzar y la duración del módulo de prácticas no laborales —PNL—, para el que cabe solicitar exención si se cumplen determinados requisitos.

IV. Prescripciones de las personas formadoras.

V. Requisitos mínimos de espacios, instalaciones y equipamiento.

Los Certificados Profesionales se identifican con una denominación concreta y un código alfanumérico propio, y sirven para acreditar una determinada cualificación profesional. Cada certificado está asociado a una relación de unidades de competencia que, a su vez, se vinculan con una serie de módulos formativos específicos. Algunos módulos están integrados por unidades formativas y tanto unos como otras son, en ocasiones, transversales, lo que significa que se trata de contenidos incluidos en más de un Certificado Profesional.

Los Certificados Profesionales se articulan en tres niveles de competencia profesional (1, 2 y 3) conforme a lo dispuesto en el que será el Catálogo Nacional de Estándares de Competencias Profesionales, anteriormente Catálogo Nacional de Cualificaciones Profesionales (CNCP), según los criterios establecidos de conocimientos, iniciativa, autonomía y complejidad de las tareas, en cada una de las ofertas de Formación Profesional.

La oferta formativa dirigida a la obtención de los Certificados Profesionales tiene carácter modular para favorecer la acreditación parcial acumulable de la formación recibida y posibilitar así el avance en el itinerario de Formación Profesional para cualquiera que sea la situación laboral de cada persona en cada momento.

En definitiva, el Grado C constituye la oferta, parcial y acumulable, del sistema de Formación Profesional, de varios módulos profesionales del catálogo modular de Formación Profesional por razón de su significado en el mercado laboral y conducente a la obtención de un Certificado Profesional.

Las ofertas de Grado C de Formación Profesional tendrán por objeto módulos profesionales incluidos previamente en el catálogo modular de formación profesional y asociados al Catálogo Nacional de Estándares de Competencias Profesionales.

Finalidad de los Certificados Profesionales

- Contribuir a la ordenación de un Sistema de Formación Profesional al servicio de un régimen de formación y acompañamiento profesionales que sea capaz de responder con flexibilidad a los intereses, expectativas y aspiraciones de cualificación profesional de las personas a lo largo de su vida.

- Combinar escuela y empresa situando a la persona en el centro del sistema.

- Facilitar el aprendizaje permanente de toda la ciudadanía mediante una formación abierta, flexible y accesible, estructurada de forma modular, a través de la oferta formativa asociada al certificado.

- Acreditar las cualificaciones profesionales o las unidades de competencia recogidas en estas, independientemente de su vía de adquisición, bien sea través de la vía formativa, o mediante la experiencia laboral o vías no formales de formación.

- Favorecer, tanto a nivel nacional como europeo, la transparencia del mercado de trabajo.

- Contribuir a la calidad de la oferta de Formación Profesional.

Este libro

El presente libro desarrolla la Unidad Formativa denominada *Elaboración de documentos web mediante lenguajes de marca,* UF1841.

Dicha unidad formativa está asociada a la Unidad de Competencia UC0491_3, forma parte del Módulo Formativo MF0491_3: *Programación web en el entorno cliente* perteneciente a la Cualificación Profesional de referencia IMP023_2, de nivel 3, incluida en el Certificado Profesional denominado IFCD0210 *Desarrollo de aplicaciones con tecnologías web* dentro de la familia profesional Informática y Comunicaciones.

Según el Real Decreto 1531/2011, de 31 de octubre modificado por el RD 628/2013, de 2 de agosto, los contenidos que en esta obra se recogen se corresponden con una duración de 60 horas.

Tanto la estructura como el desarrollo del libro se ajustan al citado real decreto y más concretamente a los contenidos de la unidad formativa que le da título *Elaboración de documentos web mediante lenguajes de marca,* UF1841.

Contenidos

1. Diseño web
   - Principios de diseño web:
     — Diseño orientado al usuario.
     — Diseño orientado a objetivos.
     — Diseño orientado a la implementación.
   - El proceso de diseño web:
     — Estructura de un sitio web y navegabilidad.
     — Estructura y composición de páginas.
     — Compatibilidad con navegadores.
     — Diferencias entre diseño orientado a presentación e impresión.
2. Lenguajes de marcado generales
   - Origen de los lenguajes de marcado generales: SGML y XML.
   - Características generales de los lenguajes de marcado.
   - Estructura general de un documento con lenguaje de marcado:
     — Metadatos e instrucciones de proceso.

- — Codificación de caracteres. Caracteres especiales (escape).
- — Etiquetas o marcas.
- — Elementos.
- — Atributos.
- — Comentarios.
- Documentos válidos y bien formados. Esquemas.

3. **Lenguajes de marcado para presentación de páginas web**
- Historia de HTML y XHTML. Diferencias entre versiones.
- Estructura de un documento:
  - — Versiones.
  - — Elementos de la cabecera.
  - — Elementos del cuerpo del documento.
- Color:
  - — Codificación de colores.
  - — Colores tipo.
  - — Colores seguros.
- Texto.
  - — Encabezados. Jerarquía y estructura del contenido de un documento.
  - — Párrafos.
  - — Alineación, espaciado y sangrado de texto.
  - — Características de letra: tipos, tamaños y colores.
  - — Separadores de texto.
  - — Etiquetas específicas para el marcado de texto. Estilos lógicos.
- Enlaces de hipertexto:
  - — Estructura de un enlace: la dirección de internet o URL.
  - — Estilos de enlaces.
  - — Diferencias entre enlaces absolutos y relativos.
  - — Enlaces internos.
  - — Enlaces especiales: correo electrónico. Enlaces de descarga.
  - — Atributos específicos: título, destino, atajos de teclado, etc.

- Elementos específicos para tecnologías móviles:
  - Selección del lenguaje de marcas para tecnologías móviles.
  - Hojas de estilo en dispositivos móviles.
- Elementos en desuso *(deprecated)*:
  - Texto parpadeante.
  - Marquesinas.
  - Alineaciones.
  - Otros elementos en desuso.

4. **Hojas de estilo web**
- Tipos de hojas de estilo: estáticas y dinámicas.
- Elementos y estructura de una hoja de estilo:
  - Creación de hojas de estilo.
  - Aplicación de estilos.
  - Herencia de estilos y aplicación en cascada.
  - Formateado de páginas mediante estilos.
  - Estructura de páginas mediante estilos.
- Diseño de estilos para diferentes dispositivos.
- Buenas prácticas en el uso de hojas de estilo.

Nota del editor

En Ediciones Paraninfo estamos comprometidos con la calidad de la formación e intentamos que nuestros materiales, respondan fielmente y con rigor a las necesidades de todos cuantos confían en nuestro sello editorial.

Tratamos de dar respuesta a los currículos de las unidades formativas y de los módulos que integran los distintos Certificados Profesionales, equilibrando la parte teórica con la práctica para que los procesos de aprendizaje se conviertan en experiencias gratificantes tanto para docentes como para las personas inmersas en los procesos formativos.

Contribuir de forma decisiva a afianzar aprendizajes, ayudar a adquirir destrezas que tengan significado para el empleo y conseguir potenciar el desarrollo personal es nuestra mayor satisfacción como editores.

Para lograrlo contamos con excelentes autores, expertos en las materias que abordan, en la mayoría de los casos docentes de dichas especialidades con dilatada experiencia profesional y académica, porque buscamos perfiles familiarizados con los contextos laborales concretos a los que se refieren nuestros manuales.

Confiamos en poder serte de ayuda y esperamos tus impresiones acerca de nuestro trabajo. Sean positivas o negativas, serán muy bien recibidas y, sin duda, nos ayudarán a seguir mejorando y trabajando con ilusión para continuar siendo un referente en formación para el empleo.

Agradecemos tu confianza en nuestros manuales. Todo nuestro equipo queda a tu total disposición. Puedes contactar con nosotros en esta dirección de correo electrónico: info@paraninfo.es.

1. Diseño web

Contenido

El término diseño web se refiere habitualmente al diseño de la parte del cliente *(front-end)* de un sitio web. Abarca varias disciplinas: diseño gráfico, diseño de interfaces de usuario y conceptos de usabilidad y accesibilidad. Los diseñadores web deben manejar también diferentes tecnologías. Las básicas son HTML *(Hypertext Markup Language,* lenguaje de marcado de hipertexto), CSS *(Cascading Style Sheets,* hojas de estilo en cascada) y JavaScript.

1.1. Principios de diseño web

El diseño de un sitio web es fundamental. Además de ser atractivo visualmente debe facilitar las tareas de los usuarios. Una página mal diseñada será difícil de entender y usar y por tanto los usuarios no querrán visitarla. Hay una serie de normas generales que el diseñador web debe tener siempre presente:

- Usabilidad. El diseño debe facilitar que el usuario acceda a la información y la funcionalidad de la página fácil y rápidamente.

- Consistencia. Un sitio web suele estar formado por varias páginas y secciones. Hay que mantener un diseño consistente entre todas las partes del sitio.

- Velocidad de carga. A los usuarios no le gusta esperar, hay que optimizar la velocidad de carga de la página.

- Accesiblidad. La accesibilidad web se ocupa de hacer posible que los usuarios con limitaciones (visuales, motoras...) puedan acceder a la web en igualdad de condiciones, sin pérdida de información o funcionalidad.

1.1.1. Diseño orientado al usuario

En el diseño orientado al usuario, las características y necesidades del mismo se ponen en el centro del proceso de diseño, que se basará en las características de los usuarios, las tareas que quieren realizar, el entorno en que las realizan y su familiaridad con páginas o aplicaciones similares.

Conocer al usuario es el principio fundamental de la usabilidad, así que el análisis de requisitos de usuario debe ser completo y riguroso. Se efectúa al inicio del proyecto y la información obtenida se usa como base para el diseño, junto con el resto de requisitos de la aplicación.

Es un proceso iterativo en el que las propuestas de los diseñadores son probadas por usuarios reales. Los diseñadores incorporan las sugerencias de los usuarios a la siguiente versión del diseño.

1.1.2. Diseño orientado a objetivos

El diseño orientado a objetivos pone la atención en el propósito de la web, lo que los propietarios quieren conseguir con ella: puede ser una tienda *online,* un medio de comunicación o una página para una empresa. Ayuda a decidir qué funcionalidades debe incluir la página.

Las técnicas orientadas a objetivos son más apropiadas para las primeras fases del desarrollo de una web. Las centradas en el usuario se pueden usar más adelante, al detallar la interacción del usuario y evaluar la usabilidad de la página.

1.1.3. Diseño orientado a la implementación

El diseño orientado a implementación se fija en cómo se hace la página. Dentro del diseño web, el W3C *(World Wide Web Consortium)* publica los estándares para HTML, XHTML y CSS. Asegurar que las páginas los cumplen (dentro de lo posible) es una buena práctica que mejora la compatibilidad entre navegadores y facilita el mantenimiento del código desarrollado.

También incluye las cuestiones de accesibilidad, para que los usuarios con limitaciones (visuales, motrices, auditivas…) puedan usar la página. Si se desea hacer un sitio web accesible, lo que en España es obligatorio para las páginas de la Administración pública, hay que seguir las pautas de accesibilidad que publica el W3C dentro de la *Iniciativa para la accesibilidad web* (WAI, *Web Accessibility Initiative*).

1.2. El proceso de diseño web

El proceso de diseño web es un proceso iterativo en el que se van realizando prototipos cada vez más complejos. El cliente da su opinión sobre cada nuevo prototipo y se incorporan sus sugerencias para la siguiente iteración. Este enfoque es útil:

- Para identificar requisitos.
- Para el diseño de la interfaz. En este caso, no hace falta implementar realmente todas las funcionalidades en los prototipos.

- Para detectar errores de planteamiento en fases tempranas.

En las primeras iteraciones se pueden utilizar prototipos poco funcionales para evaluar la arquitectura de la información y el posicionamiento de las secciones en la página. A medida que se avanza en el proceso, se le añaden más funcionalidades y detalles. Es habitual distinguir entre prototipos de baja fidelidad y de alta fidelidad:

- Baja fidelidad. Representaciones con poco nivel de detalle, utilizando rectángulos y etiquetas para representar las secciones principales. Se pueden realizar a mano, son rápidos de crear y sirven como herramienta de colaboración entre los miembros del equipo en las etapas iniciales del diseño.
- Alta fidelidad. En este caso el nivel de detalle es mayor, por lo que tardan más en realizarse. Por el mismo motivo, son más útiles como documentación. Incluyen información sobre cada elemento mostrado, como sus dimensiones y comportamiento. Suelen realizarse con aplicaciones específicas, algunas de las cuales permiten incluir elementos interactivos.

Wireframes

Los *wireframes* son un tipo de prototipo de baja fidelidad. Esta técnica consiste en realizar un boceto de la página web. Se trata de una representación que se centra en los aspectos generales de la interfaz. Los *wireframes* se usan para:

- Determinar el posicionamiento de los elementos más importantes, la posición de las barras de navegación y los menús dentro de la página.
- Jerarquizar los contenidos mediante su posicionamiento en la pantalla.
- Representar las funcionalidades disponibles.
- Vincular el diseño visual con la arquitectura de la información de la página.

Suelen incluir:

- Encabezados.
- Logo del sitio.
- Barra de búsqueda.
- Medios de navegación (barras, menús).
- Controles de usuario (botones, campos de texto…).
- Información de contacto.
- Pie de página.

Los *wireframes* varían en nivel de detalle y sirven como punto de partida para prototipos más realistas. Es habitual comenzar realizándolos a mano y después por ordenador con un programa apropiado, como Figma o Balsamiq.

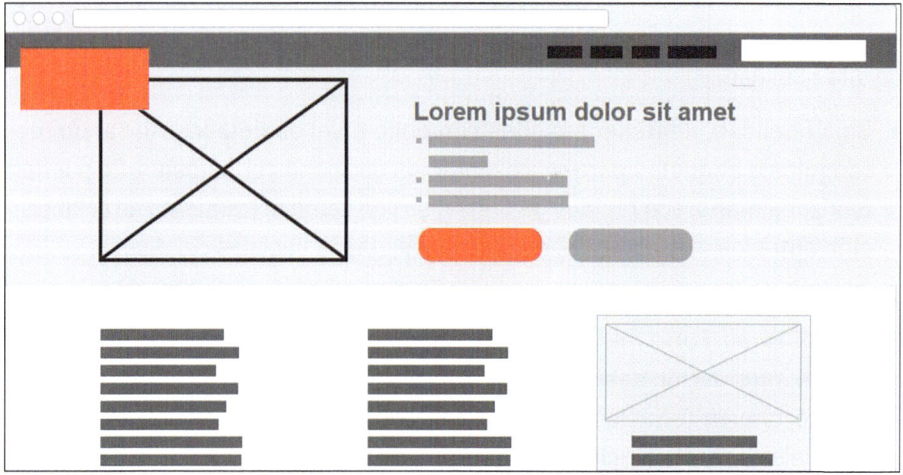

Ilustración 1.1. Ejemplo de *wireframe*.

Su objetivo no es desarrollar el estilo visual de la página, así que no deben incluir:

- Los colores que se usarán como tema para la página.
- Imágenes.
- Fuentes de texto concretas.

1.2.1. Estructura de un sitio web y navegabilidad

El diseño de navegación se centra en los elementos que permiten que el usuario se mueva entre las páginas del sitio web. En una página suele haber más de una forma de navegación. Por ejemplo, en un periódico la información se organiza por secciones, pero también es posible ver las últimas noticias escritas o las más leídas.

La organización de un sitio es fundamental para que los usuarios puedan llevar a cabo sus tareas fácilmente. La mayoría de los sitios web tiene una barra de navegación con vínculos a las secciones de la página en la parte superior. No es raro que en cada vínculo se despliegue un menú con varias opciones y submenús. Es buena idea crear un mapa del sitio y, en sitios web grandes, implementar la función de búsqueda.

1.2.2. Estructura y composición de páginas

Uno de los principales objetivos del esquema es el diseño de información. Se trata de cómo se estructura y muestra la información de la página, de manera que sea fácil de entender. La jerarquía visual de los contenidos facilita que el usuario encuentre la información que busca de manera rápida y contribuye a que la información se entienda mejor.

1.2.3. Compatibilidad con navegadores

Sin duda, la principal queja entre los diseñadores web es la cantidad de trabajo extra que deben dedicar a que sus páginas se vean igual en todos los navegadores, o al menos en los más usados (Edge, Chrome/Chromium, Mozilla Firefox, Opera y Safari). Además, no todos los usuarios tienen los navegadores actualizados, por lo que también hay que ocuparse de las versiones anteriores (para ayudar en esto hay librerías como Modernizer). Todos los ejemplos de este libro están probados con Firefox, a no ser que se especifique lo contrario.

1.2.4. Diferencias entre diseño orientado a presentación e impresión

A veces el usuario quiere imprimir el contenido que está viendo en una página web. Puede ser un artículo de periódico o el resumen de un pedido a una tienda *online*. Imprimir la página usando la función de imprimir del navegador no suele dar el resultado esperado porque imprimirá toda la página (elementos de navegación, imágenes…) y no solo lo que se desea imprimir. Por eso es muy habitual que las páginas incorporen una versión para imprimir del contenido. Algunos de los de los cambios recomendados son:

- Revisar la fuente. Hay fuentes que se ven muy bien en la pantalla, pero quedan mal en papel.
- Revisar colores e imágenes de fondo.
- Quitar los elementos de navegación.
- Eliminar vídeos y animaciones y reducir el número de imágenes y anuncios.
- Incluir la URL de la página e información sobre autoría y/o *copyright*.

EJERCICIOS

1.1. ¿Cuáles son las tecnologías de diseño web más importantes actualmente?

a) HTML, CSS y JavaScript.

b) HTML, CSS y Java.

c) Flash, Dreamweaver y XML.

1.2. En el diseño orientado a usuario:

a) El usuario solo interviene en las fases finales del proyecto para retocar la interfaz.

b) El usuario solo interviene en las primeras fases del proyecto, para explicar lo que quiere.

c) El usuario interviene durante todo el proceso, colaborando con los diseñadores en un proceso iterativo.

1.3. Marca la afirmación que consideres correcta respecto al diseño orientado a implementación.

a) Se ocupa de la usabilidad de la página, básicamente en la interfaz de usuario.

b) Se ocupa de cómo está hecha la página. Por ejemplo, en relación al cumplimiento de estándares.

c) Se ocupa cuestiones relacionadas con el servidor web donde se aloje la página.

1.4. El diseñador web normalmente es responsable de:

a) El diseño de lado del cliente (*front-end*) de una aplicación web.

b) El diseño de las interfaces y bases de datos de la aplicación web.

c) El diseño del lado del cliente y también los programas necesarios en el servidor.

1.5. ¿Cuál de las siguientes opciones no recomendarías de cara a la versión para imprimir del recibo de una tienda *online*?

a) Añadir una línea con la URL del sitio web.

b) Mantener las animaciones.

c) Retirar los elementos de navegación.

1.6. **Marca la afirmación que consideres correcta.**

a) El *wireframe* de una página web debe incluir información sobre color y tipografía.

b) El *wireframe* de una página web se centra en la disposición de la información y la navegación por el sitio web.

c) El *wireframe* de una página web se centra en el tiempo de carga.

1.7. **¿Cuál de los siguientes no te parece un principio de diseño apropiado?**

a) Mostrar la información de forma jerarquizada.

b) Incluir más de una forma de navegación por el sitio web.

c) Usar tipografías y colores diferentes en cada sección del sitio.

1.8. **Un sitio web accesible...**

a) Está disponible más del 90 % del tiempo.

b) Es fácil de usar.

c) Está adaptado a usuarios con limitaciones (por ejemplo, visuales).

1.9. **Respecto de la compatibilidad entre navegadores:**

a) Seguir los estándares del W3C asegura que la página funcione en todos los navegadores.

b) Seguir los estándares del W3C es una buena práctica, pero no asegura que la página funcione en todos los navegadores.

c) Todos los navegadores son casi iguales, no hace falta preocuparse de la compatibilidad entre navegadores.

1.10. **Marca la afirmación que consideres correcta respecto al diseño orientado a objetivos.**

a) Se ocupa de la usabilidad de la página, básicamente en la interfaz de usuario.

b) Es apropiado para las primeras fases del desarrollo.

c) Se ocupa de mejorar la velocidad de carga.

1.11. **¿Cuál de los siguientes no es un principio de diseño web?**

a) Usabilidad.

b) Accesibilidad.

c) Consistencia.

d) Todas son correctas.

1.12. ¿Cuál de las siguientes no es una aplicación para realizar *wireframes* o bocetos?

  a) Lucidchart.

  b) Figma.

  c) WAI-ARIA.

ACTIVIDADES

1. Prueba a hacer un esquema *(wireframe)* para un sitio web sencillo. Puede ser una página de presentación personal o la de un negocio pequeño. Utiliza una herramienta específica como Lucidchart (https://www.lucidchart.com) o Figma (https://www.figma.com).

2. Lenguajes de marcado generales

Contenido

Los *lenguajes de marcado generales* son lenguajes que definen reglas para lenguajes de marcas. También se les denomina metalenguajes. Los más conocidos son SGML (*Standard Generalized Markup Language,* lenguaje de marcado generalizado estándar) y XML (*eXtensible Markup Language,* lenguaje de marcado extensible).

Tomando como base estos lenguajes generales, se crean lenguajes para usos específicos, también llamados aplicaciones.

Por ejemplo, se dice que HTML, hasta la versión 4, es una aplicación de SGML. Es decir, HTML, hasta la versión 4, es un lenguaje que sigue las reglas generales del SGML. De la misma manera, XHTML *(eXtensible HTML)* es una aplicación de XML.

2.1. Origen de los lenguajes de marcado generales: SGML y XML

El origen de los lenguajes de marcas está en las anotaciones que se hacían a los textos que se mandaban a la imprenta. Por ejemplo, un subrayado especial para indicar que algo debía imprimirse en negrita o símbolos especiales para delimitar una sección que debía aparecer como pie de página. Los lenguajes de marcas permiten insertar anotaciones dentro de un documento.

El SGML es un estándar ISO desde 1986. Es el sucesor de SGL, de IBM.

El XML es un estándar del W3C *(World Wide Web Consortium).* Se desarrolló para solucionar las limitaciones del SGML y al tiempo hacerlo más sencillo y flexible. Además, incluye el SGML como subconjunto, de manera que todo documento SGML es también un documento XML.

XML tuvo un gran éxito desde su publicación. Actualmente, está muy extendido para la transmisión y almacenamiento de información. Hay decenas de lenguajes y formatos basados en XML, algunos definidos por el W3C. Entre los más extendidos, podemos citar:

- SVG (*Scalable Vector Graphics,* gráficos vectoriales escalables), para gráficos vectoriales. La mayoría de los navegadores actuales pueden mostrar el contenido SVG sin complementos externos.

- XSD *(XML Schema Definition),* para la validación de documentos XML. Permite comprobar que un documento XML sigue una determinada estructura.

- RSS (*Really Simple Syndication,* sindicación realmente simple), muy utilizado para la sindicación de contenidos en medios de comunicación.

2.2. Características generales de los lenguajes de marcado

Aunque no es necesario que sea así, la opción escogida por la mayoría de lenguajes de marcado es mezclar el contenido y las marcas en el mismo documento. Las marcas se diferencian del resto del contenido mediante caracteres especiales. Los documentos se almacenan en ficheros de texto plano.

2.3. Estructura general de un documento con lenguaje de marcado

En un fichero XML se distinguen dos partes:

- Un prólogo, opcional, con metadatos e instrucciones de proceso.

- Un elemento raíz que contendrá el resto de elementos.

A continuación vemos un primer ejemplo de fichero XML, en este caso con información sobre artistas. La primera línea es el prólogo, y todos los datos están contenidos dentro un elemento raíz, *artistas.* Como se puede obervar, los datos de los artistas están rodeados por etiquetas, que indican de qué tipo de información se trata.

```xml
<?xml version="1.0" encoding="UTF-8"?>
<artistas>
  <artista cod="a101">
    <nombreCompleto>Diego Velázquez</nombreCompleto>
    <nacimiento>1599</nacimiento>
    <pais>España</pais>
    <fichaCompleta>http://www.autores.es/velazquez</fichaCompleta>
  </artista>
  <artista cod="a102">
    <nombreCompleto>Michelangelo Caravaggio</nombreCompleto>
    <nacimiento>1571</nacimiento>
    <pais>Italia</pais>
    <fichaCompleta>http://www.autores.es/miguelAngel</fichaCompleta>
  </artista>
</artistas>
```

2.3.1. Metadatos e instrucciones de proceso

Las instrucciones de proceso dan información sobre el documento (metadatos) al procesador. Por ejemplo, la primera línea de un documento XML suele ser:

```
<?xml version='1.0' encoding='UTF-8'>
```

Es una instrucción que indica la versión del lenguaje y la codificación de caracteres utilizadas en el documento. También es posible asociar un fichero XML a un DTD o una hoja de estilo con las instrucciones:

```
<!DOCTYPE personas SYSTEM "personas3.dtd">
<?xml-stylesheet type="text/xsl" href="incidencias.xslt"?>
```

2.3.2. Codificación de caracteres. Caracteres especiales (escape)

La codificación de caracteres es la manera en que se almacenan los caracteres del documento. El procesador debe conocerla o puede que no muestre bien todos los caracteres. Al guardar el documento, hay que asegurarse de que la codificación sea la correcta. La codificación de caracteres en XML suele ser UTF-8 (también es la recomendada para HTML).

Los caracteres que se usan para delimitar las marcas o los valores de los atributos no pueden usarse dentro del documento directamente. Si queremos usarlos hay que escapar el carácter. En XML hay tres opciones:

- Entidades predefinidas XML. Hay cinco disponibles.

CARACTER	ENTIDAD
>	>
<	<
"	"
'	&pos;
&	&

- Usar el código Unicode del carácter. Por ejemplo, para escribir una A (código 41 en hexadecimal) se podría usar &#x41.

- Utilizar una sección CDATA. El texto dentro de la sección no se interpretará como un lenguaje de marcado. Es la mejor opción si hay que escapar muchos caracteres.

```
<![CDATA[ ...]]>
```

En HTML y XHTML hay más referencias definidas (ver sección 3.4).

2.3.3. Etiquetas o marcas

En HTML, XML y SGML las etiquetas se escriben entre los símbolos '<' y '>'.

```
<!--etiqueta de apertura-->
<a>
<!--etiqueta de cierre-->
</a>
<!--etiqueta de apertura y cierre-->
<meta/>
```

2.3.4. Elementos

En general, los elementos tienen una etiqueta de apertura y otra de cierre. El texto contenido entre ambas etiquetas es el texto marcado y está afectado por la etiqueta.

En algunos lenguajes, como HTML, se permiten algunos elementos sin etiqueta de cierre. En XML (y por tanto en XHTML), todos los elementos tienen que estar cerrados (en el caso de elementos vacíos se puede abrir y cerrar el elemento con una sola etiqueta como en el ejemplo anterior).

2.3.5. Atributos

Los elementos pueden tener atributos. Se sitúan en la etiqueta de apertura. No importa el orden en que aparezcan. En la mayoría de los casos los atributos aparecen en la forma nombre=valor.

```
<p class='importante'>Este párrafo es importante</p>
```

En XML el valor de los atributos debe ir siempre entre comillas simples o dobles.

Algunos atributos son *booleanos.* En estos casos basta con poner el nombre del atributo, no hace falta poner el valor. Es el caso del atributo *disabled* en HTML.

```
<form disabled>
...
</form>
```

Atributos en HTML y XHTML

En HTML y XHTML hay atributos globales y específicos. Los globales se pueden usar con cualquier elemento. Se trata de los atributos *accesskey, class, contenteditable, dir, draggable, dropzone, hidden, id, lang, spellcheck, style, tabindex, title, translate.* Los atributos específicos solo son válidos para uno o varios elementos.

2.3.6. Comentarios

Los comentarios se usan para explicar el fichero. Pueden aparecer en cualquier lugar, menos dentro de una etiqueta y los procesadores los ignoran. Incluir comentarios es una buena práctica, sobre todo en ficheros complejos. Ya han aparecido en los ejemplos del capítulo.

```
<!--comentario-->
```

2.4. Documentos válidos y bien formados. Esquemas

En XML, se distingue entre documentos bien formados y documentos válidos. Se dice que un documento está bien formado si cumple las reglas de sintaxis de XML. Para que un documento pueda considerarse como XML, debe estar bien formado. Entre otras condiciones, esto implica que:

- Hay un elemento raíz que contiene todos los elementos.

- Todas las etiquetas están cerradas en el orden adecuado.

- En las etiquetas, se diferencia entre mayúsculas y minúsculas. Las etiquetas de apertura y cierre deben coincidir exactamente.

- Los valores de los atributos se escriben entre comillas.

Por ejemplo, este fichero sí está bien formado:

```xml
<?xml version="1.0" encoding="UTF-8"?>
<trabajadores>
 <trabajador cod="t100">
  <nombreCompleto>Antonio Pérez</nombreCompleto>
  <nacimiento>1970</nacimiento>
  <carnetConducir/>
 </trabajador>
 <trabajador cod="t101">
  <nombreCompleto>Ana Gómez</nombreCompleto>
  <nacimiento>1980</nacimiento>
 </trabajador>
</trabajadores>
```

En cambio, el siguiente fichero no está bien formado. No tiene un solo nodo raíz, y en el segundo trabajador la etiqueta de cierre empieza por una mayúscula.

```xml
<?xml version="1.0" encoding="UTF-8"?>
<trabajador cod="t100">
 <nombreCompleto>Antonio Pérez</nombreCompleto>
 <nacimiento>1970</nacimiento>
 <carnetConducir/>
</trabajador>
<trabajador cod="t101">
 <nombreCompleto>Ana Gómez</nombreCompleto>
 <nacimiento>1980</nacimiento>
</Trabajador>
```

Documentos válidos

Una de las novedades del SGML fue introducir el concepto de DTD (*Document Type Definition*). Con el DTD es posible definir el tipo de un documento, es decir: su estructura y qué etiquetas, atributos y valores pueden aparecer. En XML también se pueden usar los esquemas XML (XML Schema) para validar documentos.

Los documentos que cumplan las reglas establecidas en un DTD o esquema XML (y estén bien formados) se consideran válidos respecto a ese DTD o esquema XML.

Como ejemplo de las condiciones que se pueden establecer con la validación, veamos un esquema XML para validar un fichero con los datos de conexión a una base de datos. El fichero XML es el siguiente:

```xml
<?xml version="1.0" encoding="UTF-8"?>
<configuracion>
  <ip>127.0.0.1</ip>
  <nombre>empresa</nombre>
  <usuario>root</usuario>
  <clave>1234</clave>
</configuracion>
```

Ahora veamos el esquema, que define las siguientes condiciones:

- El elemento raíz es configuración.

- Contiene una secuencia de cuatro elementos, ip, nombre, usuario y clave.

- Los cuatro son cadenas de texto.

```xml
<?xml version="1.0" encoding="UTF-8"?>
<xs:schema xmlns:xs="http://www.w3.org/2001/XMLSchema"
elementFormDefault="qualified">
  <xs:element name="configuracion">
   <xs:complexType>
    <xs:sequence>
     <xs:element name="ip" type="xs:string"/>
     <xs:element name="nombre" type="xs:string"/>
     <xs:element name="usuario" type="xs:string"/>
     <xs:element name="clave" type="xs:string"/>
    </xs:sequence>
   </xs:complexType>
  </xs:element>
</xs:schema>
```

Como se puede apreciar, el lenguaje XML Schema también está basado en XML.

EJERCICIOS

2.1. Puede decirse que el XHTML...

   a) Es una aplicación del lenguaje HTML

   b) Es una aplicación del lenguaje SGML.

   c) Es una aplicación del lenguaje XML.

   d) Ninguna de las anteriores.

2.2. ¿Cómo se pone un comentario en un fichero XML?

   a) /*comentario*/

   b) // comentario

   c) <comment> comentario <comment>

   d) <!-- comentario -- >

2.3. Si se usa un atributo booleano...

   a) No es necesario escribir el valor.

   b) Hay que poner el valor, que solo puede ser 'true' o 'false'.

   c) Se puede poner en la etiqueta de cierre del elemento.

   d) No se pueden usar otros atributos en el mismo elemento.

2.4. Elige la respuesta incorrecta. Un fichero XML bien formado:

   a) Tiene un solo nodo raíz.

   b) Puede tener varios nodos raíz.

   c) No puede tener elementos sin etiquetas de cierre.

   d) Debe tener los valores de los atributos entre comillas.

2.5. Marca la afirmación que consideres correcta:

   a) En XML, Los caracteres '<'. '>'. y '&' se pueden usar sin problemas.

   b) En XML, en las etiquetas se distingue entre mayúsculas y minúsculas.

   c) En XML, el orden de los atributos importa.

   d) En XML, en las etiquetas no se distingue entre mayúsculas y minúsculas.

2.6. Marca la afirmación que consideres correcta sobre DTD y esquemas XML.

a) Ambos sirven para comprobar si un fichero está bien formado.

b) Los DTD sirven para comprobar si un fichero es válido y los esquemas XML para comprobar si está bien formado.

c) Los esquemas XML sirven para comprobar si un fichero es válido y los DTD para comprobar si está bien formado.

d) Ambos sirven para comprobar si un fichero es válido.

2.7. Una sección CDATA sirve para:

a) Poner datos adicionales sobre el tipo de fichero XML.

b) Añadir metadatos en la cabecera XML.

c) Escribir un contenido que no va a ser interpretado como XML.

d) No es un campo válido en XML.

2.8. Marca la opción que consideres correcta.

a) Un fichero XML puede ser válido sin estar bien formado.

b) Un fichero XML puede ser bien formado sin ser válido.

c) Válido y bien formado son conceptos equivalentes: un fichero bien formado es un fichero válido y viceversa.

d) Ninguna de las anteriores.

2.9. ¿Cuál de las siguientes opciones es correcta como elemento XML?

a) <nombre>Pablo<nombre>

b) <persona nombre="Pablo">

c) <persona nombre="Pablo"/>

d) <Nombre="Pablo"></nombre>

2.10. ¿Qué indica esta instrucción de procesamiento?

```
<?xml version='1.0' encoding='UTF-8'>
```

a) La versión del lenguaje y la codificación de caracteres que se usan en el documento.

b) Solo la versión del lenguaje.

c) Solo la codificación de caracteres.

d) Ninguna de las anteriores.

2.11. El lenguaje SVG...

a) Se usa para sindicación de contenidos.

b) Se usa para gráficos vectoriales.

c) Se usa para validar documentos XML.

d) Se usa para transformar documentos XML.

2.12. El lenguaje RSS...

a) Se usa para sindicación de contenidos.

b) Se usa para gráficos vectoriales.

c) Se usa para validar documentos XML.

d) Se usa para transformar documentos XML.

ACTIVIDADES

1. Busca información sobre lenguajes basados en XML. Por ejemplo:

   - SVG. Es un lenguaje para gráficos vectoriales.

   - MathML. Para fórmulas matemáticas.

   - Busca ejemplos de ambos e intenta visualizarlos con un navegador web.

2. La mayoría de los periódicos publican sus noticias con formato RSS. Por ejemplo:

   - *El País:* https://feeds.elpais.com/mrss-s/pages/ep/site/elpais.com/portada

   - *El Mundo:* https://e00-elmundo.uecdn.es/elmundo/rss/portada.xml

   Analiza los ficheros XML que se encuentran en esas páginas y responde a estas preguntas:

   a) ¿Cuál es el elemento raíz?

   b) ¿Dentro de qué elemento va cada noticia?

   c) ¿Qué información hay para cada noticia?

3. Lenguajes de marcado para presentación de páginas web

Contenido

El HTML y su lenguaje hermano XHTML son los principales lenguajes de marcado para crear páginas web. Resumiendo, se puede decir que XHTML es como el HTML, pero cumpliendo las normas de XML.

Con HTML se define la estructura y el contenido de la página. Todo lo relativo a la presentación se especifica mediante hojas de estilo CSS (*Cascading Style Sheets,* hojas de estilo en cascada).

Además de estos lenguajes básicos, no es raro que en el proceso de desarrollo de una aplicación web se utilicen otros lenguajes de marcas. Algunos de los más habituales son:

- El lenguaje SVG, para gráficos vectoriales. Resulta muy útil porque se puede integrar directamente dentro del HTML. La mayoría de los navegadores modernos mostrarán el contenido sin necesidad de complementos.

- El lenguaje XML aparece en muchas aplicaciones como medio para transmitir información.

- El lenguaje RSS, basado en XML, se usa habitualmente en sindicación de contenidos. Es habitual verlo en medios de comunicación.

- El XSL/XSLT (*eXtensible Stylesheet Language,* lenguaje de hojas de estilo extensible), también basado en XML, se puede usar para integrar contenido en XML en una página web. Por ejemplo, es posible utilizarlo para crear contenido HTML, como una tabla, a partir de datos en XML.

3.1. Historia de HTML y XHTML. Diferencias entre versiones

El HTML es el resultado del trabajo de Tim Berners-Lee durante los años ochenta y principios de los noventa del siglo pasado. La primera mención al HTML es de 1991, y en 1993 Berners-Lee y Dan Connolly publican la primera propuesta de especificación. A partir de 1996 el W3C se encarga de mantener el HTML.

La última versión es HTML5. Lleva varios años implantada y los navegadores más extendidos incluyen ya casi todas las características.

La versión anterior, 4.01, tiene tres variantes:

- *Strict.* Estricta no permite los elementos en desuso *(deprecated)*. La mayoría son elementos con información sobre presentación.

- *Transitional.* Permite elementos en desuso.

- *Frameset.* Para páginas con marcos *(frames)*. Se tratan en el apartado 3.9.

En las últimas versiones el HTML se ha centrado en la semántica. En HTML5 (y ya en la versión estricta de HTML 4.01), casi todas las etiquetas y atributos relacionados con la presentación de los contenidos han desaparecido. Ese tipo de información se deja para las hojas de estilo. El HTML debe centrarse en el contenido, su estructura y su significado, pero no en cómo debe mostrarse. Además, incluye nuevas etiquetas semánticas para organizar el contenido de los documentos.

El XHTML es un lenguaje diferente, basado en HTML. Simplificando, podemos decir que el XHTML es la versión XML del HTML. Las diferencias más importantes son:

- No se permiten elementos sin etiqueta de cierre. Los elementos vacíos se pueden abrir y cerrar en la misma etiqueta.

- El XHTML distingue entre mayúsculas y minúsculas.

- Los valores de los atributos tienen que estar entre comillas, simples o dobles.

Se definieron tres variantes del XHTML 1.0, equivalentes a las tres variantes de HTML 4.01. El XHTML 1.1 es como el XHTML 1.0 Strict pero con soporte para módulos.

Se suponía que la sintaxis más estricta y precisa del XHTML ayudaría a producir páginas libres de errores y por tanto se esperaba que los usuarios de HTML estuvieran encantados de cambiar a XHTML. Esto no fue así. Aunque el XHTML gustó a algunos desarrolladores, se comprobó que amplios sectores, sobre todo los diseñadores web, seguían prefiriendo el HTML. Por eso, cuando llegó el momento de desarrollar un nuevo estándar, el W3C se decidió por el HTML5 en lugar del XHTML 2 y no se ha definido un XHTML equivalente. De cualquier manera, es posible escribir HTML5 de manera que sea XML bien formado.

HTML	XHTML
HTML 5	--
HTML 4.01 Strict	XHTML 1.0 Strict
HTML 4.01 Transitional	XHTML 1.0 Transitional
HTML 4.01 Frameset	XHTML 1.0 Frameset

Tabla 3.1. Equivalencia entre versiones de HTML y XHTML.

3.2. Estructura de un documento

El siguiente ejemplo muestra un documento HTML básico.

```
<!DOCTYPE html>
<html>
 <head>
  <title>Primeras pruebas</title>
 </head>
 <body>
   Hola mundo
 </body>
</html>
```

Ejemplo 3.1. Página básica.

La primera línea es la declaración del tipo de documento. No es parte de la página propiamente dicha.

A continuación aparece el elemento *html,* que a su vez contiene un elemento *head* y un elemento *body.* Toda la página está contenida dentro del elemento *html.* La última línea del fichero es la etiqueta de cierre del elemento *html.*

En el elemento *head* se incluye información sobre la página (autor, juego de caracteres, título) y en *body,* el contenido propiamente dicho.

Vamos a utilizar el ejemplo 3.1 para introducir terminología habitual en el diseño web. El elemento raíz es *html.* Los elementos *head* y *body* son hijos de *html,* y por tanto *html* es el padre de ambos. Dos elementos con el mismo padre son hermanos *(siblings).* También es habitual hablar de descendientes (hijos, nietos...) y de antecesores (padres, abuelos...).

3.2.1. Versiones

La primera línea de cualquier documento HTML o XHTML suele ser la declaración del tipo de documento, o *doctype.* La instrucción DOCTYPE (no es una etiqueta) indica al navegador el lenguaje y versión del documento. La forma en la que el navegador interpreta el documento depende de la declaración del tipo de documento, por lo que un error puede hacer que la página no se muestre correctamente.

La siguiente tabla muestra las declaraciones de tipo de documento correspondientes a las últimas versiones de HTML y XHTML.

Versión	Declaración de DOCTYPE
HTML 5	<!DOCTYPE html>
HTML 4.01 Strict	<!DOCTYPE HTML PUBLIC "-//W3C//DTD HTML 4.01//EN" "http://www.w3.org/TR/html4/strict.dtd">
HTML 4.01 Transitional	<!DOCTYPE HTML PUBLIC "-//W3C//DTD HTML 4.01 Transitional//EN" "http://www.w3.org/TR/html4/loose.dtd">
HTML 4.01 Frameset	<!DOCTYPE HTML PUBLIC "-//W3C//DTD HTML 4.01 Frameset//EN" "http://www.w3.org/TR/html4/frameset.dtd">
XHTML 1.0 Strict	<!DOCTYPE html PUBLIC "-//W3C//DTD XHTML 1.0 Strict//EN" "http://www.w3.org/TR/xhtml1/DTD/xhtml1-strict.dtd">
XHTML 1.0 Transitional	<!DOCTYPE html PUBLIC "-//W3C//DTD XHTML 1.0 Transitional//EN" "http://www.w3.org/TR/xhtml1/DTD/xhtml1-transitional.dtd">
XHTML 1.0 Frameset	<!DOCTYPE html PUBLIC "-//W3C//DTD XHTML 1.0 Frameset//EN" "http://www.w3.org/TR/xhtml1/DTD/xhtml1-frameset.dtd">
XHTML 1.1	<!DOCTYPE html PUBLIC "-//W3C//DTD XHTML 1.1//EN" "http://www.w3.org/TR/xhtml11/DTD/xhtml11.dtd">

Tabla 3.2. DOCTYPE para las diferentes versiones de HTML y XHTML.

3.2.2. Elementos de la cabecera

La cabecera de la página está formada por el elemento *head*. Aquí se incluyen metadatos, es decir, información sobre la página y se vinculan otros documentos como hojas de estilo y ficheros JavaScript.

La cabecera puede incluir los elementos: *title, link, meta, base, script, noscript, style* y *template*. Veamos los más importantes:

- El elemento *title* es obligatorio, contiene el título de la página. Los navegadores suelen mostrarlo en la pestaña y en la barra de programas.

- El elemento *meta* se utiliza para representar varios tipos de metadatos. Suele usarse para especificar la codificación de caracteres o información como el autor, palabras clave o una descripción de la página. Se usa un formato de pares nombre/valor.

```
<meta name='author' content='Xabier Ganzábal'>
<meta name='description' content='Página con ejemplos básicos de HTML'>
```

En HTML5 está disponible el atributo *charset* para especificar la codificación de caracteres:

```
<meta charset='UTF-8'>
```

Es importante incluir la codificación de caracteres del documento, porque si no se especifica (o se hace incorrectamente) es posible que algunos caracteres, como las letras acentuadas y la ñ, no se vean bien. El W3C recomienda usar la codificación UTF-8. Al guardar el fichero, además de usar la extensión .html hay que asegurarse de que se guarda con la codificación de caracteres indicada.

El elemento *meta* es un elemento vacío. En HTML5 no tiene etiqueta de cierre, en XHTML debe cerrarse adecuadamente.

- El elemento *link* permite vincular hojas de estilo al documento HTML.

```
<link rel="stylesheet" type="text/css" href="hojaEstilo.css">
```

El atributo *href* indica la ruta a la hoja de estilo. Es un elemento vacío. En HTML5 no tiene etiqueta de cierre, en XHTML debe cerrarse adecuadamente. Profundizaremos en este elemento en el capítulo 4, cuando veamos las hojas de estilo.

El atributo *rel* es obligatorio e indica la relación entre la página y el documento vinculado.

- Con el elemento *script* se puede vincular un fichero de JavaScript, indicando su URL en el atributo *src*.

```
<script type="text/javascript" src="ficherojs.js"></script>
```

También se puede usar para introducir directamente el código de un *script*. Por ejemplo, si se incluye en la cabecera:

```
<script>alert('Hola')</script>
```

El navegador mostrará una alerta con texto 'Hola' al cargar la página.

- El elemento *style* permite añadir reglas de estilo en el propio documento HTML, sin necesidad de usar una hoja de estilos externa e incluirla en el documento con *link*. Es el único elemento presentacional de HTML5, y lo cierto es que no es habitual usarlo en producción, solo para realizar prototipos rápidos. Lo usaremos en algunos ejemplos.

En el siguiente ejemplo podemos ver cómo queda una página con una cabecera completa:

```html
<!DOCTYPE html>
<html>
 <head>
  <title>Ejemplo de elementos de la cabecera</title>
  <meta charset='UTF-8'>
  <meta name='author' content='Xabier Ganzábal'>
  <meta name='description' content='Página básica'>
  <!--incluir hoja de estilo-->
  <link rel="stylesheet" type="text/css" href="hojaEstilo.css">
  <!--incluir fichero javascript-->
  <script type="text/javascript" src="ficherojs.js"></script>
 </head>
 <body>
  Aquí va el contenido de la página...
 </body>
</html>
```

Ejemplo 3.2. Elementos de la cabecera.

3.2.3. Elementos del cuerpo del documento

El contenido de la página va dentro del elemento *body*. La página acaba con la etiqueta de cierre de este elemento. Es un elemento obligatorio, salvo en las páginas con *frameset* (sección 3.9).

Elementos de bloque y de línea

En HTML los elementos pueden ser de bloque o de línea. Esto afecta a como los muestra el navegador. Cuando se trata de un elemento de bloque se introduce un salto de línea antes y después del mismo. Los elementos de línea se muestran uno al lado del otro mientras quepan en el elemento contenedor.

3.3. Color

En HTML5 los atributos relacionados con el color han desaparecido. Como el resto de propiedades relacionadas con la presentación, actualmente debe especificarse con CSS.

3.3.1. Codificación de colores

Existen varias formas de codificar los colores.

- RGB *(Red, Blue, Green)*. En esta codificación cada color se representa según la cantidad de rojo, azul y verde que contiene utilizando tres números entre 0 y 255.

  Por ejemplo, la siguiente regla CSS hace que el color de fondo de la página sea rojo.

  ```
  body { background-color: rgb(255, 0, 0) }
  ```

  Alternativamente, se puede usar la notación hexadecimal, sustituyendo cada uno de los tres números por su equivalente en hexadecimal.

  ```
  body { background-color: #ff0000 }
  ```

  Como desventaja, la codificación RGB es poco intuitiva, y es difícil imaginar cuál va a ser el color resultante si cambiamos alguno de los valores.

Color	RGB	HSL
Blanco	255, 255, 255	0, 0 %, 100 %
Negro	0, 0, 0	0, 0 %, 0 %
Rojo	255, 0, 0	0, 100 % 50 %
Verde	0, 255, 0	120, 100 %, 50 %
Azul	0, 0, 255	240, 100 %, 50 %
Verde oscuro	0, 128, 0	120, 100 %, 25 %
Verde claro	128, 255, 128	120, 100 %, 75 %

Tabla 3.3. Equivalencia entre RGB y HSL.

- RGBa. Es similar a la codificación RGB, pero añade un valor de opacidad, el canal *alpha*. Se utiliza un cuarto número, entre 0 y 1. Si vale 1, es el color RGB normal. Al ir disminuyendo el valor, el color se vuelve más transparente, hasta llegar a 0, totalmente transparente.

  ```
  body { background-color: rgba(255, 0, 0, 0.5) }
  ```

- HSL *(Hue-Saturation-Lightness)*. El primer número, el matiz, es un número entre 0 y 360 que representa el color base. Los otros, saturación y luminosidad, toman un valor entre 0 y 1.

Tiene la ventaja de ser más intuitivo que RGB. Como se puede ver en la tabla 3. 3, al variar el último número, la luminosidad, se obtiene el mismo color pero más claro u oscuro.

```
body { background-color: hsl(80, 100 %, 20 %) }
```

- HSLa. Es como HSL pero añadiendo el canal *alpha,* de manera análoga a la codificación RGBa.

```
body { background-color: hsla(80, 100 %, 20 %, 0.3) }
```

3.3.2. Colores tipo

Además de las opciones de codificación comentadas en el punto anterior, hay 16 colores que se pueden usar mediante su nombre según la especificación de HTML5: *aqua, black, blue, fuchsia, gray, green, lime, maroon, navy, olive, purple, red, silver, teal, white* y *yellow.*

Asimismo, en CSS3 se definen un total de 147 nombres de colores. Salvo excepciones, funcionan sin problemas en los navegadores más extendidos.

3.3.3. Colores seguros

Anteriormente muchos ordenadores no podían mostrar más de 256 colores. Si una página web requería un color no disponible, lo habitual era sustituirlo por el color disponible más parecido. Esto podía causar que muchas páginas no se vieran tal y como el diseñador había pensado.

Para solucionar este problema, se definieron los colores seguros *(web safe colors),* 216 colores estándar que en principio se mostrarían igual en todos los navegadores y monitores.

Actualmente la mayoría de los ordenadores y dispositivos móviles no tienen problemas para mostrar colores de al menos 16 bits, por lo que los colores seguros han dejado de tener utilidad.

3.4. Texto

En HTML los saltos de línea se ignoran y los espacios se colapsan. Por ejemplo, esta página:

```
<!doctype html5>
<html>
<head>
  <title>Primeras pruebas</title>
  <meta charset="UTF-8">
</head>
  <body>
  Todo en
  una línea
   y los   espacios                    colapsan
  </body>
<html>
```

Ejemplo 3.3. Espacios en blanco y saltos de línea.

Se mostraría así:

Ilustración 3.1. Espacios en blanco en HTML.

Cuando se quiere un salto de línea, lo más habitual es usar el elemento *br,* que representa un salto de línea (no tiene etiqueta de cierre). También podemos usar la etiqueta *p,* para párrafos, que se trata en el apartado 3.4.2.

Respecto de los espacios, la primera opción es usar una referencia a carácter. Es posible reescribir el ejemplo anterior como:

```
<body>
Todo en <br>una línea<br>y los nbsp;   espacios&n
bsp;   colapsan
</body>
```

Ejemplo 3.4. Elemento *br* y espacios en blanco.

Otra opción en este caso es usar el elemento *pre,* para texto preformateado.

```
<pre>
  Todo en
  una línea
    y los   espacios                              colapsan
</pre>
```

Ejemplo 3.5. Elemento *pre*.

El texto entre las etiquetas de *pre* se mostrará respetando espacios en blanco y saltos de línea.

Referencias a carácter

Es posible indicar un carácter mediante su código Unicode utilizando las referencias a carácter. Para algunos de estos símbolos se ha definido un nombre. Se trata de las entidades predefinidas de HTML.

Carácter	Referencia	Entidad	Carácter	Referencia	Entidad
Espacio	&#x000A0		Salto de línea	&#x000A	
Á	&#x000C1	Á	á	&#x000E1	á
É	&#x000C9	É	é	&#x000E9	é
Í	&#x000CD	Í	í	&#x000ED	í
Ó	&#x000D3	Ó	ó	&#x000F3	ó
Ú	&#x000DA	Ú	ú	&#x000FA	ú
Ñ	&#x000D1	Ñ	ñ	&#x000F1	ñ

Tabla 3.4. Referencias a carácter y entidades predefinidas.

Es habitual usarlas para introducir espacios en blanco o saltos de línea. También se usan para caracteres especiales que no se visualizan correctamente. En el caso de páginas en español se pueden usar para las letras con acentos y la ñ (aunque no es necesario hacerlo si se indica correctamente el *charset* como se indicó en la sección 3.2.2).

3.4.1 Encabezados. Jerarquía y estructura del contenido de un documento

HTML dispone de seis elementos para los encabezados, *h1*, ... , *h6*, ordenados de mayor a menor importancia. Representan el encabezado de la sección en la que aparecen y deben contener contenido introductorio a la misma, por ejemplo, el titular de una noticia. Se muestran en negrita y más grandes que el resto del texto. El tamaño crece con la importancia del encabezado, por lo que el texto marcado como *h1* se mostrará más grande que el marcado con *h6*. Estos elementos no deben usarse para conseguir efectos visuales, sino para marcar texto que realmente sea un encabezado para el contenido que le rodea y establecer una jerarquía entre los contenidos.

Los elementos *h1, ... , h6* son elementos de bloque: al mostrarlos, se introduce un salto de línea antes y después del elemento.

Elementos semánticos

Una de las novedades más importantes en HTML5 son los elementos semánticos para organizar el contenido del documento. Se trata de *header, footer, aside, section, nav* y *article*. Antes de HTML5 se usaba el elemento *div* en lugar de todos estos elementos semánticos. Actualmente, solo es apropiado usar *div* cuando no haya una etiqueta más específica. Para elegir el tamaño y la posición de estos elementos se utilizan las hojas de estilo.

Es importante señalar que, aunque por su nombre parece que indican la posición en la pantalla, se deben entender de una manera más amplia.

- El elemento *header* contiene contenido introductorio para la sección de la página en que aparece. Es habitual que contenga los elementos de encabezado, *h1,...,h6.*

- El elemento *aside* debería usarse para contenido relacionado solo parcialmente con el contenido principal. En una revista o periódico, este tipo de información se suele presentar en una barra o cuadro lateral. No tiene por qué aparecer en un lateral de la página.

- El elemento *footer.* Contiene información sobre la sección correspondiente, como el autor, o información de *copyright.* No es obligatorio que aparezca en la parte de abajo de la sección, pero es lo más habitual.

- El elemento *nav* contiene vínculos, internos o externos. Es habitual que aparezca dentro de los elementos *header* o *aside* y que contenga una lista con los vínculos.

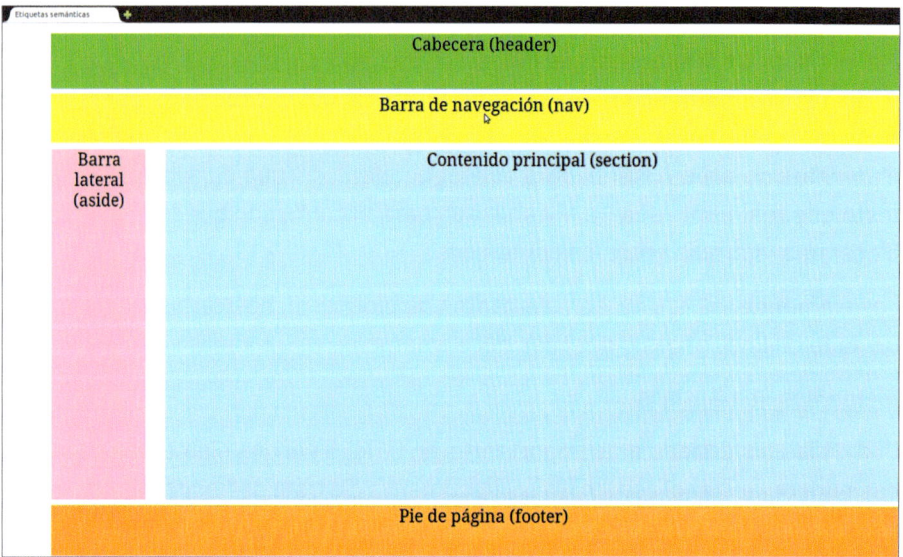

Ilustración 3.2. Esquema de una página con etiquetas semánticas.

En la sección 4.2.5 se explica cómo usar estas etiquetas para estructurar una página web.

3.4.2. Párrafos

Podemos delimitar párrafos de texto con el elemento *p*. Los párrafos son elementos de bloque. No es raro ver ejemplos en los que no se usa etiqueta de cierre. Está permitido si el siguiente elemento también es un párrafo (entre otros) o si no hay más elementos dentro del bloque contenedor. No es apropiado usarlos si solo queremos dejar un espacio en blanco. Se utilizan en el ejemplo 3.6.

3.4.3. Alineación, espaciado y sangrado de texto

A partir de HTML5 los atributos y elementos relacionados con el formato de texto han desaparecido de la especificación. Actualmente, lo correcto es hacerlo a través de CSS, tal y como se explica en el capítulo 4.

3.4.4. Características de letra: tipos, tamaños y colores

Igual que con el formato de texto, los atributos y elementos relacionados con las fuentes de texto han desaparecido de la especificación. Actualmente, lo correcto es hacerlo a través de CSS, tal y como se explica en el capítulo 4.

3.4.5. Separadores de texto

El elemento *hr* se usa para introducir una separación entre dos bloques de contenido dentro de una misma sección. En los navegadores se muestra como una línea horizontal, que era precisamente la definición del elemento en las versiones anteriores del lenguaje. Antes tenía atributos para configurar aspectos de presentación, pero actualmente lo correcto es hacerlo mediante hojas de estilo.

3.4.6. Etiquetas específicas para el marcado de texto. Estilos lógicos

Las etiquetas de semántica con respecto al texto, o estilos lógicos, se usan para indicar qué tipo de información representa el texto que contienen.

En HTML5 los elementos *b, i, u, s* y *small* que antes eran presentacionales (*b* para negrita, *i* para cursiva, *small* para letra pequeña), han sido redefinidos para que ahora sean independientes del medio en que se presente la página.

Elemento	Descripción
small	Texto que normalmente aparece en letra pequeña (*copyright,* aclaraciones).
span	No aporta significado por sí sola, se usa para añadir atributos o estilo.
strong	Contenido importante.
em	Énfasis.
b	Contenido resaltado, pero no por ser especialmente importante (por ejemplo, la primera frase de un párrafo).
i	Representa una parte de texto cualitativamente diferente del texto que le rodea (por ejemplo, términos en técnicos o en otro idioma).
cite	Referencia a una obra creativa.
abbr	Abreviatura o acrónimo.
dfn	Representa una definición.
mark	El texto marcado es especialmente importante dentro del documento.
code	Código de programación, rutas de ficheros o en general texto que un ordenador reconocería.

Tabla 3.5. Elementos semánticos con respecto al texto.

El siguiente ejemplo muestra algunos de estos elementos.

```
<!DOCTYPE html>
<html>
 <head>
  <title>Semántica de texto</title>
  <meta charset='UTF-8'>
 </head>
 <body>
  El <abbr>W3C</abbr> se encarga de definir las versiones de <abbr>HTML
  </abbr>
  <p>Los elementos <strong>strong</strong> y <b>b</b> pueden
  parecer iguales, pero no los son.</p>
  <p>Lo mismo pasa con el <em>elemento em</em> y el <i>elemento i</i>.</p>
  <p>Tienen <mark>distintos significados</mark> aunque los navegadores
  los muestren igual.</p>
  <p>Con la etiqueta span podemos añadir atributos y estilo a un trozo de texto,
  por ejemplo podemos hacer un <span style="font-size:xx-large">texto
  muy grande</span>
  </p>
 </body>
</html>
```

Ejemplo 3.6. Elementos semánticos con respecto al texto.

A continuación se muestra el resultado en el navegador:

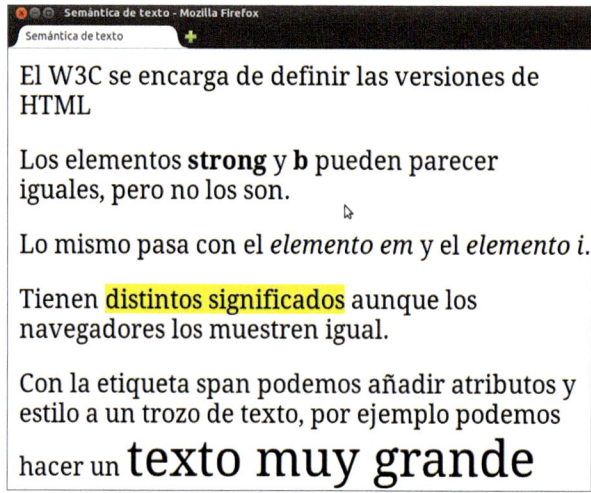

Ilustración 3.3. Etiquetas de semántica de texto.

3.5. Enlaces de hipertexto

Los enlaces de hipertexto, también llamados hipervínculos o vínculos, son una de las piezas básicas del HTML. En el caso más habitual, el texto marcado como vínculo se mostrará subrayado y en un color diferente (azul o morado, dependiendo de si se ha visitado anteriormente o no), y al pulsar sobre él se cargará una nueva página web.

3.5.1. Estructura de un enlace: la dirección de internet o URL

Para localizar un recurso en internet, se usa su URL (siglas de *Uniform Resource Locator*, localizador de recursos uniforme). Una URL tiene esta estructura:

Ilustración 3.4. Estructura de una URL.

Protocolo: los habituales en internet son HTTP y HTPS para conexiones seguras.

Dominio/servidor: nombre del servidor o IP. La URL de la ilustración 3.4 también podría escribirse así http://81.89.32.200/publicaciones/novedades.html.

Puerto: opcional; si no se especifica, se usa el puerto por defecto para el protocolo. Para HTTP, es el 80. La URL de la ilustración 3.4 también podría escribirse así http://www.boe.es:80/publicaciones/novedades.html.

Ruta: la ruta del recurso solicitado dentro del servidor.

3.5.2. Estilos de enlaces

Es habitual que los navegadores muestren en colores diferentes los vínculos ya visitados. Se puede modificar el estilo por defecto de los enlaces mediante las hojas de estilo, como veremos en la sección 4.2.2.

3.5.3. Diferencias entre enlaces absolutos y relativos

En un enlace relativo, la URL es relativa a la página que contiene el vínculo. Por ejemplo, si la URL es href='imagenes.html', el fichero imagenes.html se encuentra en el mismo directorio que la página actual. Al seguir un vínculo con href='imagenes.html' desde la página www.ejemplo.es/index.html se cargaría www.ejemplo.es/imagenes.html.

Una URL absoluta incluye un dominio.

```
/*URL absoluta*/
<a href="http://www.servidor.es/inicio.html">Visitar contenido
principal</a>
/*URL relativa*/
<a href="inicio.html">Visitar contenido principal</a>
```

Ejemplo 3.7. URL absoluta y relativa.

3.5.4. Enlaces internos

Es posible crear enlaces a un elemento determinado de la página. El enlace usa el atributo global *id* del elemento en cuestión. Por ejemplo, si en una página existe un párrafo como este:

```
<p id='principal'>Párrafo principal</p>
```

Podemos crear un enlace al párrafo desde la misma página usando:

```
<a href="#principal">Visitar contenido principal</a>
```

También se pueden usar desde otra página, como parte de una URL absoluta o relativa:

```
<a href="http://www.servidor.es/inicio.html#principal">Visitar
contenido principal</a>
<a href="inicio.html#principal">Visitar contenido principal</a>
```

3.5.5. Enlaces especiales: correo electrónico. Enlaces de descarga

El comportamiento habitual de un enlace es cargar una nueva página en el navegador, pero hay otras opciones.

Los enlaces para enviar un correo electrónico son bastante habituales, aunque por desgracia no suelen resultar útiles. Al pulsar uno de estos enlaces, lo normal es que se abra el cliente de correo predeterminado del sistema, si lo hay. En sistemas Windows suele ser Outlook. Si el usuario tiene una cuenta configurada en el cliente, podrá manda un correo, pero actualmente la mayoría de los usuarios usan un correo web.

```
<a href="mailto:ejemplo@noexiste.com">Enviar correo</a>
```

Otro enlace habitual es el de descarga, para almacenar un archivo en el ordenador cliente en lugar de visualizarlo en el navegador. Basta con usar el atributo booleano *download.*

```
<a download href="historico.zip">Descargar archivo histórico</a>
```

3.5.6. Atributos específicos: título, destino, atajos de teclado, etc.

Con el atributo *target* se especifica dónde debe abrirse el enlace: en la misma
ventana (por defecto), en una nueva o en otro marco. El caso de los marcos se
trata en el apartado 3.9.

```
<a href=www.servidor.es/inicio.html target="_blank">Visitar contenido
principal</a>
<a href="inicio.html" >Visitar contenido principal</a>
<a href="inicio.html" target="_self" >Visitar contenido principal</a>
```

Ejemplo 3.8. Atributos del elemento *a.*

La URL que queremos vincular se indica en *href,* como hemos ido viendo en los
ejemplos del capítulo.

El atributo *rel* indica la relación con el elemento vinculado. Los valores admitidos se indican en la tabla 3.6.

Atributo	Valores posibles	Descripción
href	Una URL relativa o absoluta	URL del recurso enlazado.
target	_blank, _self, _top, _parent id de un frame o iframe	Dónde se abrirá el enlace.
rel	alternate, autor, bookmark, help, license, next, nofollow, noreferrer, prefetch, prev, search, tag	Relación entre el documento y el documento enlazado.
hreflang	Identificador del idioma	Idioma del documento enlazado.
type	Un tipo MIME válido	Tipo del documento enlazado.
download	Atributo booleano	Si se usa, el recurso enlazado se descarga.

Tabla 3.6. Atributos del elemento *a.*

Además de los atributos específicos, no es raro usar los atributos globales *title* y *accesskey* con los vínculos, para asociar títulos y atajos de teclado respectivamente.

```
<a href="inicio.html" accesskey='v' title="Principal" >Visitar contenido
principal</a>
```

Ejemplo 3.9. Enlace con título y atajo de teclado.

3.6. Imágenes

Las imágenes se incluyen con el elemento *img*. Las imágenes no se insertan dentro del documento HTML como se insertarían en un documento de texto, sino que quedan vinculadas al mismo mediante su URL. Al encontrar un elemento *img,* el navegador solicitará la imagen al servidor correspondiente.

3.6.1. Formatos de imágenes

Se admiten imágenes en formato GIF, JPEG y PNG. También se pueden incluir ficheros PDF de una sola página, ficheros XML con SVG y animaciones (GIF animados y APNG).

3.6.2. Características de imágenes: tamaño, título, textos alternativos

El elemento *img* tiene, entre otros, estos atributos:

Atributo	Descripción	Valor por defecto	Obligatorio
src	URL del fichero	No tiene	**Sí**
alt	Texto alternativo	No tiene	**Sí**
height	Alto de la imagen	El de la imagen	No
width	Ancho de la imagen	El de la imagen	No

Tabla 3.7. Atributos del elemento *img*.

El elemento tiene dos atributos obligatorios, *src* y *alt*. Por ejemplo:

```
<img src='arbol.jpg' alt='arbol de hojas rojas'>
```

Este elemento no tiene etiqueta de cierre.

El atributo *src* indica dónde se encuentra la imagen. Es una URL, relativa o absoluta, al fichero que se desea incluir en la página. Aunque en principio podemos vincular cualquier imagen disponible en internet usando su URL, muchos servidores impiden que se acceda a sus imágenes desde otros para no perder ancho de banda.

El atributo *alt* se usa para establecer un texto alternativo. Si el navegador, por cualquier motivo, no puede cargar la imagen, muestra en su lugar este texto. Además, este atributo se usa en los lectores de pantalla. Por ejemplo, si el usuario que está visitando la página no puede ver, recibirá el atributo *alt* como descripción de la imagen. Si no ponemos el atributo *alt,* el navegador mostrará la imagen igualmente, pero no hay que olvidar que este atributo es obligatorio.

Los atributos *width* y *height* indican el ancho y el alto de la imagen, respectivamente. Si se escribe un número sin más, se interpreta que el tamaño se expresa en píxeles. Si no se especifican ancho y el alto, se toma el tamaño original de la imagen. Además, el navegador reserva el hueco adecuado para la imagen mientras recibe el fichero. Si solo se especifica uno, el navegador calcula el otro para mantener la proporción original de la imagen.

```
<img src='arbol.jpg' alt='arbol de hojas rojas' height='200' width='200'>
```

Este es uno de los pocos casos en que siguen incluyendo información sobre cómo debe presentarse el elemento en HTML5, en lugar de indicarlo a las hojas de estilo.

También se puede añadir un título a una imagen usando el atributo *title*, un atributo global que podemos usar con cualquier elemento HTML. Debe proporcionar información adicional sobre el elemento de manera concisa. La mayoría de los navegadores lo muestran en una pequeña caja de texto cuando el ratón pasa por encima.

El *favicon*

Hay un tipo de imagen muy habitual en las páginas web: el *favicon*. Es una imagen que identifica a la web a la manera de un logo. También se conoce como icono de favoritos o icono de la página. Por lo general, es una imagen pequeña, habitualmente de 16 por 16 píxeles.

Existen algunas diferencias en los navegadores respecto a los formatos admitidos y la manera de representarlo. Los formatos más aceptados son ICO, PNG y GIF. Algunos navegadores admiten también animaciones. También varía cómo los usan los navegadores, pero por lo general se usa en la barra de direcciones, como icono para los marcadores y como símbolo de las pestañas.

Para incluirlo, se usa la etiqueta *link* en la cabecera de la página.

```
<link rel="shorcut icon" href="favicon.ico"/>
```

En el atributo *rel* se puede poner *shorcut icon* o *icon* indistintamente.

```
<link rel="icon" href="favicon.ico" type="image/x-icon" />
```

El valor del atributo *type* indica el formato de la imagen, para GIF y PNG sería:

```
<link rel="icon" href="favicon.gif" type="image/gif" />
<link rel="icon" href="favicon.png" type="image/png" />
```

El siguiente ejemplo muestran el elemento *img* y sus atrbutos, y además incluye un *favicon*.

```
<!DOCTYPE html>
<html>
  <head>
    <!--el favicon se incluye en la sección de cabecera-->
    <link rel="icon" href="favicon.ico" type="image/x-icon" />
    <meta charset='UTF-8'>
    <title>Imágenes</title>
  </head>
  <body>
    <p>Si no hay atributos height y width, coge los valores de la imagen</p>
    <img src='paisaje.jpg' alt='vistas al mar'>
    <p>Si la imagen no existe, se muestra el texto alternativo</p>
    <img src='paisajeInexistente.jpg' alt='vistas al mar'>
    <p>También se puede agrandar o reducir, y añadir un título, que se
    mostrará al pasar el ratón</p>
    <img src='paisaje.jpg' alt='vistas al mar' height='187' width='250'
    title='Vistas desde el restaurante'>
  </body>
</html>
```

Ejemplo 3.10. Elemento *img* y *favicon*.

Este es el resultado en el navegador:

Ilustración 3.5. Etiqueta *img*.

Formato SVG

El formato SVG, para gráficos vectoriales, está basado en XML y se puede integrar dentro del HTML. Esto resulta muy útil para utilizarlos en animaciones con CSS (como se verá en el capítulo 4) y JavaScript.

Los gráficos se definen a partir de formas básicas como rectángulos, círculos o elipses, que son elementos de SVG. Sus propiedades, como el tamaño y el color, se especifican por medio de atributos.

A continuación, podemos ver un ejemplo sencillo:

```html
<!DOCTYPE html>
<html>
  <head>
    <meta charset='UTF-8'>
    <title>Página con SVG</title>
  </head>
  <body>
    <svg width="500px" height="210px">
      <rect x = "10px" y = "100px" width ="300px"  height ="100px"
        style="fill:lightgreen" />
      <circle cx = "80px" cy = "40px" r = "30px" style = "fill:lightblue" />
    </svg>
  </body>
</html>
```

Ejemplo 3.11. Gráficos SVG.

- Con el elemento *svg* se define el área que ocupará el gráfico. Tiene atributos para indicar las dimensiones. Dentro de él, se sitúa el resto de elementos.

- El elemento *rect* define un rectángulo. La posición, las dimensiones y el color se especifican con los atributos.

- El elemento *circle* define un círculo, con atributos para la posición del centro, el radio y el color.

El resultado en el navegador será el siguiente:

Ilustración 3.6. Página con gráficos SVG.

Audio y vídeo

También es posible utilizar ficheros de audio y vídeo en una página web. A lo largo de las versiones de HTML han existido varios elementos que por una razón u otra no han funcionado bien. A partir de HTML5 tenemos los elementos *audio* y *video*. Aun así, no todos los navegadores soportan los mismos formatos de audio y vídeo. Por ejemplo, para asegurarnos de que un vídeo se vea bien en la mayoría de los navegadores habrá que usar dos formatos para el mismo vídeo, .mp4 y .ogg. Tendremos que tener los dos ficheros disponibles en el servidor y usar dos elementos *source* dentro del elemento *video*. El navegador utilizará la primera opción con un formato que entienda.

```
<video controls loop>
 <source src="fichero.mp4" type="video/mp4">
 <source src="fichero.ogg" type="video/ogg">
</video>
```

Ejemplo 3.12. Elemento *video*.

Lo mismo se pude decir del audio, hay que tener al menos dos versiones (.mp3 y .ogg) de cada fichero.

```
<audio controls preload="none" autoplay>
 <source src="fichero.ogg" type="audio/ogg">
 <source src="fichero.mp3" type="audio/mpeg">
</audio>
```

Ejemplo 3.13. Elemento *audio*.

Atributo	Valores posibles	Descripción
src	Una URL	Ruta al fichero con el audio/vídeo.
controls	Atributo booleano	Muestra controles para manejar el audio/vídeo.
loop	Atributo booleano	Reproduce el audio/vídeo en continuo.
autoplay	Atributo booleano	Empieza a reproducir el audio/vídeo cuando se carga la página.
preload	none: no carga el elemento hasta que se inicia la reproducción metadata: carga metadatos auto: carga el fichero con la página	Elige si el fichero se carga a la vez que la página o solo cuando vaya a reproducirse.

Atributo	Valores posibles	Descripción
mute	Atributo booleano	Solo para vídeo. Si está presente el vídeo se reproduce sin sonido.
poster	Una URL	Solo para vídeo. Imagen que se muestra dentro del reproductor cuando el vídeo no se está reproduciendo.
height	Longitud, en cualquier unidad de medida CSS válida	Solo para vídeo. Altura del reproductor de vídeo.
width	Longitud, en cualquier unidad de medida CSS válida	Solo para vídeo. Anchura del reproductor de vídeo.

Tabla 3.8. Atributos de *audio* y *video*.

3.6.3. Enlaces en imágenes

Incluir un enlace en una imagen es sencillo, simplemente hay que incluir el elemento *img* dentro del elemento *a*.

```
<a href='http://www.w3.org'> <img src='planta.jpg' alt='una planta'></a>
```

3.6.4. Imágenes de fondo

En la versión 4.01 Transitional es válido usar el atributo *background* en el elemento *body*. Contiene la URL de la imagen que se quiere poner como fondo.

```
<body background='fondo.jpg'>
```

Al tratarse de información de presentación, este atributo ya no está disponible en HTML5. Actualmente, las imágenes de fondo deberían incluirse a través de las hojas de estilo.

3.7. Listas

En HTML hay tres tipos de listas: ordenadas, no ordenadas y de definición. En cualquier caso, dentro de una lista hay varios elementos. Para las listas de definición cada elemento tiene dos partes: término y descripción. En la sección 4.2.4 veremos varias propiedades de estilo para mejorar la presentación.

3.7.1. Características

Las listas se crean habitualmente con los elementos *ul (unordered list)* para listas no ordenadas y *ol (ordered list)* para listas ordenadas. En las listas ordenadas, el marcador que acompaña a cada elemento es un número o una letra, mientras que en las no ordenadas es simplemente un punto.

En los dos casos, para cada elemento de la lista se usa la etiqueta *li (list item, elemento de lista)*. No es necesario cerrar el elemento *li* si detrás de él viene otro igual o se cierra la lista.

El elemento *ul* no tiene atributos.

```
<ul>
  <li>Patatas
  <li>Peras
  <li>Leche
</ul>
```

Ejemplo 3.14. Lista no ordenada.

3.7.2. Ordenación de listas

Para listas ordenadas, se usa el elemento *ol.* Sus atributos son:

Atributo	Valores posibles	Descripción
start	Un número entero	Primer número de la lista.
type	1- números decimales a- orden alfábetico A- orden alfábetico en mayúsculas i - números romanos I- números romanos en mayúsculas	Tipo de marcador de la lista.
reversed	Atributo booleano	Si está presente, ordena la lista de mayor a menor.

Tabla 3.9. Atributos para listas *ol.*

El atributo *start* se usa para indicar el primer número de la lista. Con el atributo *type* se elige el tipo de marcador que queremos poner antes de cada elemento de la lista. El atributo *reversed* es un atributo booleano. Si está presente la lista, se mostrará de mayor a menor.

```
<ol>
  <li>Peras</li>
  <li>Manzanas</li>
  <li>Limones</li>
</ol>
```

Ejemplo 3.15. Lista ordenada.

```
<ol start="3" type='l'>
  <li>Peras</li>
  <li>Manzanas</li>
  <li>Limones</li>
</ol>
```

Ejemplo 3.16. Lista ordenada empezando por el tres y con números romanos.

3.7.3. Anidamiento de listas

Es posible anidar listas poniendo un elemento *ol* o *ul* dentro de una lista. Se puede poner en lugar o dentro de un elemento *li*.

```
<ul>
  <li>Ensalada</li>
    <ul>
      <li>Caprese</li>
      <li>César</li>
    </ul>
</ul>
```

Ejemplo 3.17. Lista anidada.

3.7.4. Otros tipos de listas: listas de definición

Las listas de definición incluyen grupos término-definición, como las entradas de un diccionario.

```
<dl>
    <dt>Tomillo</dt>
    <dd>Planta olorosa de la familia de las Labiadas</dd>
</dl>
```

Ejemplo 3.18. Lista de definición básica.

El elemento *dl* se usa para definir las listas. En lugar de elementos *li*, dentro de las listas de definición se usan los elementos *dt* y *dd* para los términos y las definiciones, respectivamente. Estos dos elementos deben cerrarse siempre.

Puede haber términos con más de una definición y varios términos que compartan definición.

```
<dl>
  <dt>Tomate</dt>
  <dd>Fruto de la tomatera</dd>
  <dd>Juego de naipes</dd>
  <dt>Perro</dt>
  <dt>Can</dt>
  <dd>Animal de compañía</dd>
</dl>
```

Ejemplo 3.19. Lista de definición.

A continuación, un ejemplo con varios tipos de lista en una página completa.

```
<!DOCTYPE html>
<html>
  <head>
    <meta charset='UTF-8'>
    <title>Listas</title>
  </head>
  <body>
    <p>Lista no ordenada</p>
    <ul>
      <li>Patatas</li>
      <li>Peras</li>
      <li>Leche</li>
```

```
    </ul>
    <p>Lista ordenada</p>
    <ol>
      <li>Peras</li>
      <li>Manzanas</li>
    </ol>
    <p>Lista ordenada alfabéticamente del revés</p>
    <ol type="a" reversed>
      <li>Peras
      <li>Manzanas
      <li>Limones
      <li>Fresas
    </ol>
    <p>Lista anidada</p>
    <ul>
      <li>Ensalada</li>
        <ul>
          <li>Caprese</li>
          <li>César</li>
        </ul>
    </ul>
    <p>Lista de definición</p>
    <dl>
      <dt>Tomillo</dt>
      <dd>Planta olorosa de la familia de las Labiadas</dd>
      <dt>Tomate</dt>
      <dd>Fruto de la tomatera</dd>
      <dd>Juego de naipes</dd>
    </dl>
  </body>
</html>
```

Ejemplo 3.20. Página con varios tipos de lista.

El resultado en el navegador se puede ver en la ilustración 3.7.

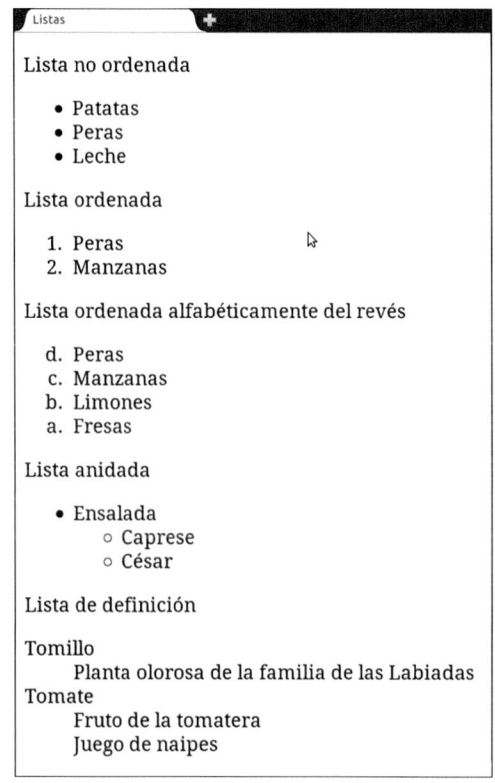

Ilustración 3.7. Listas ordenadas, no ordenadas y de *definición*.

3.8. Tablas

Las tablas permiten agrupar datos en filas y columnas de celdas. Si están bien diseñadas pueden ser muy útiles para resumir información. Durante muchos años también se usaron para crear la estructura de las páginas, una práctica abandonada y mal vista actualmente.

3.8.1. Estructura básica

Una tabla está formada por filas, que a su vez están formadas por celdas de datos. Para crear una tabla se usan (entre otros) los siguientes elementos HTML:

- *table*, para crear la tabla.

- *tr*, para crear las filas.

- *td*, para crear las celdas de datos: pueden contener texto, imágenes, listas, otras tablas...

- *th*, para las celdas cabecera; aparecerán en un formato diferente, normalmente en negrita y centrados.

- *caption* permite añadir una leyenda a la tabla. Se trata de un texto que explica el contenido de la tabla y que se mostrará centrado sobre la misma.

Con estos elementos ya podemos crear una tabla básica.

```html
<!DOCTYPE html>
<html>
 <head>
  <title>Tablas</title>
  <meta charset='UTF-8'>
  <style>table, td, th, tr { border: 1px black solid }</style>
 </head>
 <body>
  <table>
   <caption>Tabla de películas, directores y guionistas</caption>
   <tr>
    <th>Película</th>
    <th>Director</th>
   </tr>
   <tr>
    <td>Los otros</td>
    <td>Alejandro Amenábar</td>
   </tr>
   <tr>
    <td>Los pájaros</td>
    <td>Alfred Hitchcock</td>
   </tr>
  </table>
 </body>
</html>
```

Ejemplo 3.21. Tabla básica con *caption*.

El ejemplo incluye información de estilo con la etiqueta *style* en la cabecera *(head)* para mostrar la tabla con bordes, como es habitual. Las mismas reglas de estilo se aplican a todos los ejemplos de tablas de esta sección. En el capítulo 4 se tratan en detalle las reglas de estilo para tablas. El resultado del ejemplo 3.21 en el navegador será:

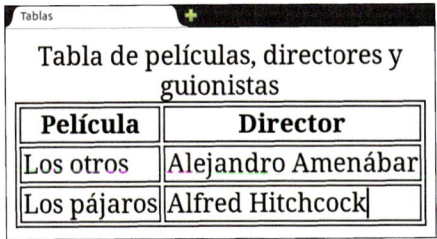

Ilustración 3.8. Tablas con *caption*.

3.8.2. Formato de tablas: bordes, alineación, tamaño, etc.

En HTML5, han desaparecido los atributos del elemento *table* relativos al formato. El modo correcto de añadir estilo a una tabla es mediante hojas de estilo, que se verán más adelante.

3.8.3. Formato de contenido de celdas. Agrupamiento de filas y columnas

Los elementos *thead*, *tbody* y *tfoot* permiten agrupar filas. El elemento *thead* agrupa filas de encabezado para las columnas de la tabla; *tbody,* las filas con el cuerpo de la tabla y *tfoot,* filas con datos de resumen de la tabla. Estas etiquetas ayudan a explicar la tabla y también se pueden usar para aplicar diferentes estilos. Es habitual que los navegadores muestren las tablas en el orden *thead*, *tbody*, *tfoot* independientemente del orden en que aparezcan dentro del elemento *table*.

```
<table>
 <thead>
  <tr>
   <th>Evento</th>
   <th>Visitantes</th>
  </tr>
 </thead>
 <tbody>
  <tr>
   <td>Inauguración</td>
   <td>500</td>
  </tr>
  <tr>
   <td>Clausura</td>
   <td>400</td>
  </tr>
```

```
    </tbody>
    <tfoot>
     <tr>
       <td>Total</td>
       <td>900</td>
     </tr>
    </tfoot>
   </table>
```

Ejemplo 3.22. Elementos *thead, tbody* y *tfoot*.

Atributos *colspan* y *rowspan*

Es posible hacer que una de las celdas de la tabla ocupe más de una columna o más de una fila usando los atributos *colspan* y *rowspan*, respectivamente. Se pueden aplicar a los elementos *td* y *th*. Hay que tener cuidado de que las celdas no se solapen.

En el siguiente ejemplo la primera tabla contiene celdas que ocupan más de una columna, y la segunda, celdas que ocupan más de una fila.

```
<table>
 <caption>Tabla de películas, directores y guionistas</caption>
 <tr>
  <th>Película</th>
  <th>Director</th>
  <th>Guionista</th>
 </tr>
 <tr>
  <td>Los otros</td>
  <td colspan='2'>Alejandro Amenábar</td>
 </tr>
 <tr>
  <td>Los pájaros</td>
  <td>Alfred Hitchcock</td>
  <td>Evan Hunter</td>
 </tr>
</table>
<table>
 <caption>Tabla de películas y directores</caption>
```

```
<tr>
 <th>Película</th>
 <th>Director</th>
</tr>
<tr>
 <td>Los otros</td>
 <td rowspan='2'>Alejandro Amenábar</td>
</tr>
<tr>
 <td>Abre los ojos</td>
</tr>
<tr>
 <td>Los pájaros</td>
 <td>Alfred Hitchcock</td>
</tr>
</table>
```

Ejemplo 3.23. Tabla con *colspan* y *rowspan*.

El resultado en el navegador será:

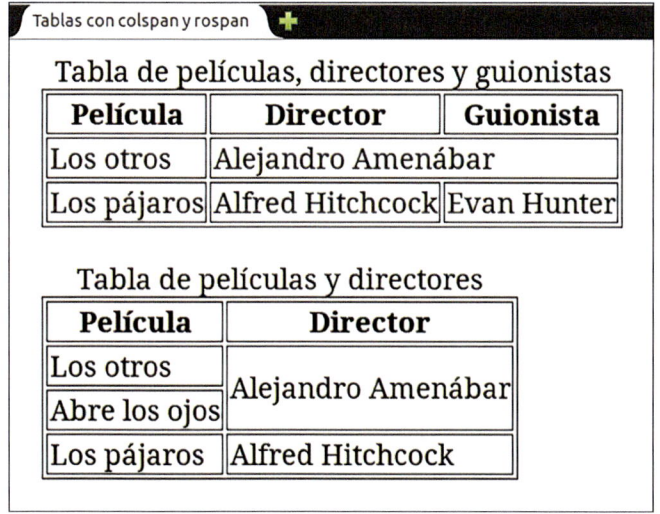

Ilustración 3.9. Tablas con *colspan* y *rowspan*.

Elementos *colgroup* y *col*

También es habitual usar el elemento *colgroup* para aplicar las mismas reglas de estilo a varias columnas, como se muestra en este ejemplo.

```
<table>
 <caption>Tabla de películas, directores y guionistas</caption>
 <colgroup span="2" style="background-color:yellow"></colgroup>
 <tr>
  <th>Película</th>
  <th>Director</th>
  <th>Guionista</th>
 </tr>
 <tr>
  <td>Los otros</td>
  <td>Alejandro Amenábar</td>
  <td>Alejandro Amenábar</td>
 </tr>
 <tr>
  <td>Los pájaros</td>
  <td>Alfred Hitchcock</td>
  <td>Evan Hunter</td>
 </tr>
</table>
```

Ejemplo 3.24. Elemento *colgroup.*

El color de fondo (valor del atributo *span*) de las dos primeras columnas cambia. Usando el atributo *style*, se introduce una regla de estilo para cambiar el color de fondo de esas columnas. El atributo global *style* se trata en profundidad en el capítulo 4.

También es posible usar *colgroup* en combinación con *col*. Podemos indicar reglas de estilo columna a columna. En este caso *colgroup* no puede tener atributo *span*, pero los elementos *col* sí.

```
<table>
 <caption>Tabla de películas, directores y guionistas</caption>
 <colgroup>
  <col style="background-color:yellow"></col>
  <col span="2" style="background-color:lightblue"></col>
 </colgroup>
 <tr>
```

```
  <th>Película</th>
  <th>Director</th>
  <th>Guionista</th>
 </tr>
 <tr>
  <td>Los otros</td>
  <td>Alejandro Amenábar</td>
  <td>Alejandro Amenábar</td>
 </tr>
 <tr>
  <td>Los pájaros</td>
  <td>Alfred Hitchcock</td>
  <td>Evan Hunter</td>
 </tr>
</table>
```

Ejemplo 3.25. Elementos *colgroup* y *col*.

Podemos ver el resultado de los dos ejemplos anteriores en la ilustración 3.10.

Ilustración 3.10. Tablas con *colgroup*.

3.8.4 Tablas anidadas

Es posible anidar una tabla dentro de otra. Basta con definir un nuevo elemento *table* dentro de una celda.

```
<table>
 <caption>Tablas anidadas</caption>
 <tr>
  <th>Columna 1</th>
  <th>Columna 2</th>
 </tr>
 <tr>
  <td>Celda normal</td>
  <td>
   <table>
    <tr>
     <td>1</td>
     <td>2</td>
    </tr>
    <tr>
     <td>3</td>
     <td>4</td>
    </tr>
   </table>
  </td>
 </tr>
</table>
```

Ejemplo 3.26. Tablas anidadas.

En el navegador se mostrará así:

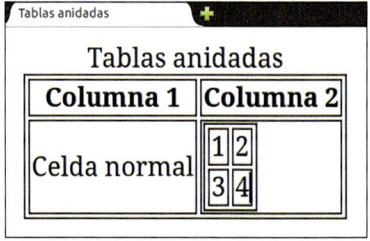

Ilustración 3.11. Tablas anidadas.

3.8.5. Buenas prácticas en el uso de tablas

Es importante que la tabla sea fácil de leer. En este sentido se recomienda:

• Distinguir los encabezados del resto de celdas.

- Alternar el color de fondo de las filas.

- Usar bordes.

- Partir las tablas complejas en varias sencillas.

- Usar el elemento *caption* para añadir un texto informativo a la tabla.

Además, solo hay que usar las tablas cuando corresponda:

- Todas las filas tienen que tener los mismos datos. Si hay varias filas con columnas vacías, tal vez sea mejor usar una lista o partir la tabla en varias.

- No hay que usar las tablas para estructurar las páginas. Era una práctica habitual hace años, pero ahora debe hacerse mediante hojas de estilo.

3.9. Marcos

Hasta hace unos años, los marcos eran muy habituales en el diseño web. Permiten dividir el área en que se representa la página, la pantalla, en varios marcos o vistas. En cada uno de ellos se carga una página HTML diferente.

En HTML5 los marcos han desaparecido. Se debe a que sirven para maquetar las páginas y, como ya se ha dicho, actualmente la presentación de las páginas web se especifica mediante hojas de estilo. En lugar de usar marcos, lo habitual es usar elemento *div* o las etiquetas semánticas (*head, section, nav, footer, aside*) para estructurar la página en secciones y posicionarlas en la pantalla mediante la CSS. Sigue siendo válido el elemento *iframe,* que se trata en el apartado 3.9.7.

3.9.1. Creación de marcos

La última versión de HTML en la que están disponibles los marcos es 4.01 Frameset. En XHTML, la versión equivalente es XHTML 1.0 Frameset. Si queremos incluir marcos en nuestra página, hay que usar el DOCTYPE correspondiente (ver apartado 3.2.1).

Para crear marcos usamos los elementos *frameset* y *frame.* El primero nos sirve para definir un conjunto de marcos, y el segundo para cada uno de los marcos.

En una página con marcos, el elemento *frameset* sustituye al elemento *body.* No pueden aparecer los dos. El elemento *frameset* tiene dos atributos, *cols* y *rows.* Sirven para especificar el número y el tamaño de las secciones en las que queremos dividir la página. Dentro del elemento *frameset* deben aparecer tantos elementos *frame* como marcos se hayan definido.

Por ejemplo, una estructura básica para una página podría ser la siguiente: una barra lateral con enlaces de navegación y una parte central en la que se muestra el contenido.

```
<!DOCTYPE HTML PUBLIC "-//W3C//DTD HTML 4.01 Frameset//EN" "http://
www.w3.org/TR/html4/frameset.dtd">
<html>
  <head>
      <title>Página con marcos</title>
  </head>
  <frameset cols="20%,80%">
      <frame src="marco1_base.html"></frame>
      <frame src="marco2_base.html"></frame>
  </frameset>
</frameset>
```

Ejemplo 3.27. Página con dos marcos verticales.

El resultado en el navegador sería:

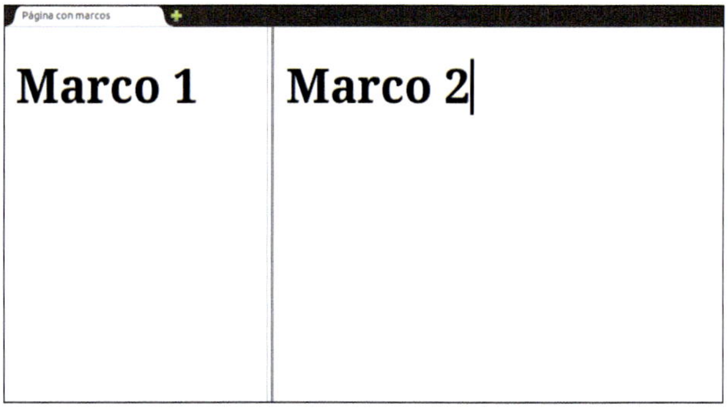

Ilustración 3.12. Página con dos marcos verticales.

Para especificar el tamaño de las filas o columnas se pueden usar porcentajes, píxeles o una mezcla de ambos. También es posible usar el carácter '*' para indicar al navegador que una columna debe ocupar el espacio que deje disponible el resto. La tabla 3.10 muestra varios ejemplos.

cols="20%,80%"	Dos columnas, la primera ocupa el 20% del espacio disponible y la segunda el 80%.
cols="20%,*"	Igual que el anterior.
cols="20%,*, 30%"	Tres columnas, la primera ocupa el 20% del espacio disponible, la segunda el 50% y la tercera el 30%.

cols="20%,400,*"	Tres columnas, la primera ocupa el 20 % del espacio disponible, la segunda 400 píxeles y la tercera el resto de espacio disponible. Ejemplo: si la pantalla tiene 1000 píxeles de ancho, la primera columna ocuparía 200 píxeles, y la segunda y la tercera, 400 píxeles cada una.
cols="20%,*,200,2*"	Cuatro columnas, la primera ocupa el 20 % del espacio disponible, la tercera 200 píxeles. La segunda y la cuarta se reparten el resto del espacio, de manera que la cuarta ocupa el doble que la segunda. Ejemplo: si la pantalla tiene 1000 píxeles de ancho, la primera y la tercera columna ocuparían 200 píxeles cada una. Los 600 píxeles restantes se reparten entre las otras dos columnas, 200 para la segunda y 400 para la cuarta.

Tabla 3.10. Tamaño de los marcos.

El atributo *rows* funciona igual que *cols*, pero divide la página por filas en lugar de por columnas.

```
<frameset rows="20%,80%">
    <frame src="marco1_base.html"></frame>
    <frame src="marco2_base.html"></frame>
</frameset>
```

Ejemplo 3.28. Página con dos marcos horizontales.

En este caso, el resultado es:

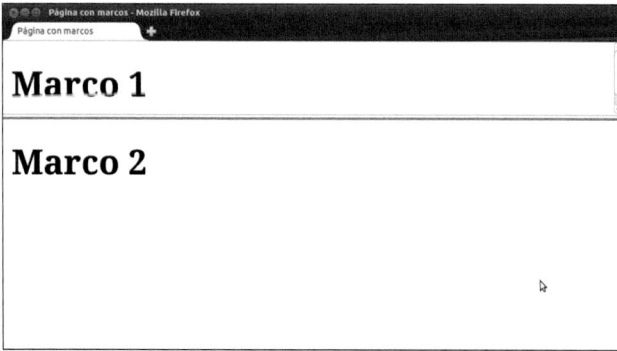

Ilustración 3.13. Página con dos marcos horizontales.

Cuando usamos el atributo *cols* pero no *rows*, las columnas definidas ocupan todo el espacio vertical disponible. Igualmente, si solo se especifica *rows,* las filas definidas ocupan todo el ancho disponible. Es posible usar los dos a la vez. Por ejemplo, podemos dividir la página en cuatro marcos, usando dos filas y dos columnas.

```
<frameset rows="20%,80%" cols="50%,50%">
    <frame src="marco1_base.html"></frame>
    <frame src="marco2_base.html"></frame>
    <frame src="marco3_base.html"></frame>
    <frame src="marco4_base.html"></frame>
</frameset>
```

Ejemplo 3.29. Página con cuatro marcos.

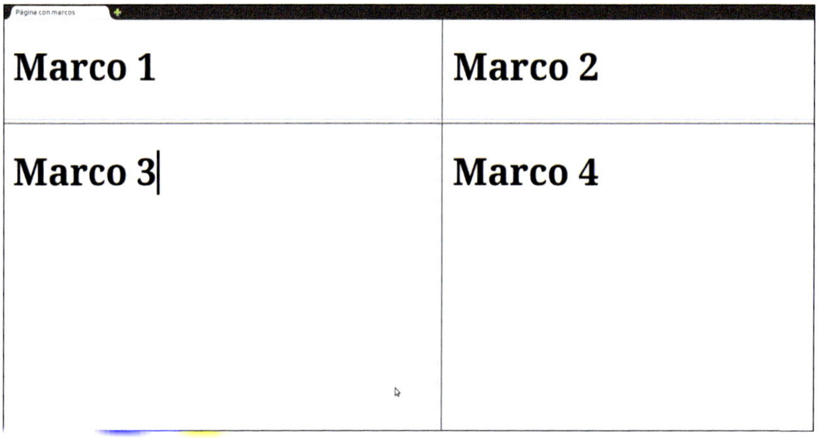

Ilustración 3.14. Página con cuatro marcos.

No es muy habitual usar los dos atributos a la vez. Para conseguir estructuras más complicadas se suelen utilizar marcos anidados.

3.9.2. Ventajas e inconvenientes en el uso de marcos

Ventajas:

- Una manera rápida de implementar estructuras de páginas sencillas.
- Permite organizar el contenido de la página en varios ficheros HTML.

Desventajas:

- Incluye información de presentación dentro del HTML.
- Problemas de compatibilidad, especialmente en dispositivos móviles.
- La URL de una página con un *frameset* no cambia, aunque el contenido de los marcos sí cambie al seguir un vínculo. Esto es un problema a la hora

de guardar un marcador o enviar la URL. Al volver a visitar la página, accederemos al contenido inicial de los marcos.

- Causan problemas a los motores de búsqueda, que no saben qué marcos corresponde usar para indexar la página.

3.9.3. Soporte de navegadores

La mayoría de los navegadores modernos (para ordenador) aceptan la especificación de marcos sin problemas. De cualquier manera, hay diferencias entre navegadores a la hora de interpretar los marcos, y es habitual que una misma página no se muestre exactamente igual en todos. Además, normalmente los navegadores para móviles y los lectores de pantalla no incluyen soporte para marcos.

El elemento *noframes* se usa habitualmente para mostrar un mensaje apropiado en el caso de que el navegador no tenga soporte para marcos. Cuando sí hay soporte, el navegador ignora este elemento.

```
<noframes>
  <p>Lo sentimos, su navegador no soporta marcos </p>
</noframes>
```

Ejemplo 3.30. Elemento *noframe.*

3.9.4. Formateado de marcos

El elemento *frame* tiene algunos atributos para cambiar la presentación.

Atributo	Valores posibles	Descripción
frameborder	0 - sin borde 1 - con borde, es el valor por defecto	Para mostrar un borde alrededor del marco.
marginheight	Un número	Altura del margen en píxeles.
marginwidth	Un número	Anchura del margen en píxeles.
scrolling	yes no auto - valor por defecto	Indica si se deben mostrar barras de desplazamiento en el marco.
noresize	Atributo booleano	Sí aparece este atributo, no se permite modificar el tamaño del marco.

Tabla 3.11. Atributos del elemento *frame.*

3.9.5. Enlaces entre contenido de marcos

Al pulsar un vínculo, es posible hacer que este se cargue en el marco que deseemos poniendo como valor del atributo *target* el nombre (atributo *name*) del marco elegido, como se puede ver en el ejemplo 3.31.

3.9.6. Marcos anidados

Es habitual anidar un elemento *frameset* dentro de otro, como por ejemplo:

```html
<!DOCTYPE HTML PUBLIC "-//W3C//DTD HTML 4.01 Frameset//EN" "http://
www.w3.org/TR/html4/frameset.dtd">
<html>
 <head>
  <meta charset="UTF-8">
  <title>Página con marcos</title>
 </head>
  <!--Un primer frameset para crear una parte superior de cabecera y una
parte central-->
 <frameset rows="20%,80%">
 <!--marco para la parte superior-->
  <frame src="cabecera.html">
  <!--partimos la parte inferior en dos, la izquierda para vínculos la dere-
cha para el contenido-->
  <frameset cols="25%,75%">
  <!--frame para los vínculos de navegación-->
   <frame src="navegacion.html">
   <!--frame en el que se mostrará el contenido, con contenido inicial-->
   <frame name="principal" src="listas.html">
  </frameset>
 </frameset>
</html>
```

Ejemplo 3.31. Marcos anidados.

A continuación, podemos ver el aspecto en el navegador.

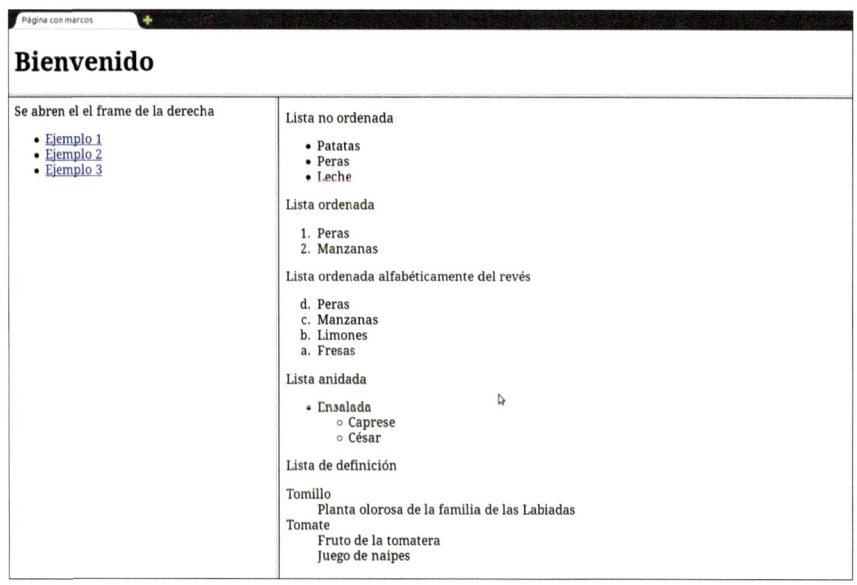

Ilustración 3.15. Página con dos marcos anidados.

Conviene mostrar también el código de *navegacion.html*, el fichero que se carga en el marco inferior izquierdo con los vínculos de navegación. Se puede observar que el valor de *target* de los vínculos es *principal*, que el nombre (atributo *name*) del marco inferior derecho.

```
<!DOCTYPE html>
<html>
 <head>
  <meta charset="UTF-8">
  <title>Para la barra de navegación</title>
 </head>
 <body>
      Se abren el el frame de la derecha
  <ul>
       <li> <a href="imagenes.html" target="principal">Ejemplo 1</a></li>
       <li> <a href="listas.html" target="principal">Ejemplo 2</a></li>
       <li> <a href="tablas_colgroup.html" target="principal">Ejemplo 3</a></li>
      </ul>
 </body>
</html>
```

Ejemplo 3.32. Código de *navegacion.html*, que se usa en el ejemplo 3.31.

3.9.7. Marcos incrustados *(iframes)*

El elemento *iframe* es una alternativa válida en HTML5 a los marcos. El contenido inicial se especifica con el atributo *src* y, como en el caso de los elementos *frame,* podemos usar el atributo *name* para hacer que un enlace se cargue dentro de un *iframe* concreto. Para colocarlos en la pantalla y darles tamaño, se usan las hojas de estilo.

```
<!DOCTYPE html>
<html>
 <head>
  <meta charset='UTF-8'>
  <title>Página con iframe</title>
 </head>
 <body>
  <ul>
   <li> <a href="cap3_ejemplo19_listas.html" target="principal">
     Ejemplo 1</a></li>
   <li> <a href="cap3_ejemplo20_tablas_basicas.html" target="principal">
     Ejemplo 2</a></li>
   <li> <a href="cap3_ejempl10_imagenes.html" target="principal">
     Ejemplo 3</a></li>
  </ul>
  <p>Los vínculos se cargan en este iframe</p>
  <iframe height="400" width="600" name="principal"
    src ="cap3_ejemplo19_listas.html">
 </body>
</html>
```

Ejemplo 3.33. Página con *iframe.*

En la ilustración 3.16 se muestra el resultado. Los vínculos se cargan en el *iframe* que tienen debajo.

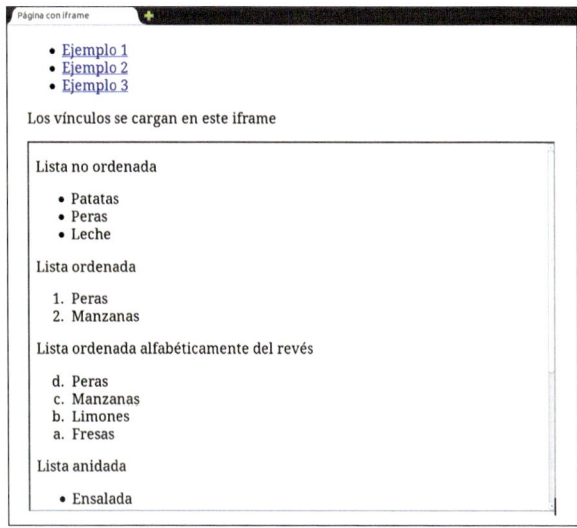

Ilustración 3.16. Página con *iframe*.

El elemento *iframe* tiene más atributos que los que se usan en el ejemplo anterior. La siguiente tabla los resume.

Atributo	Valores posibles	Descripción
height	Un número	Altura del marco en píxeles.
width	Un número	Ancho del marco en píxeles.
src	Una URL	Ruta al fichero que queremos que cargue el *iframe*.
srcdoc	Una cadena con código HTML	Código HTML para el *iframe* Tiene prioridad sobre *src*.
name	Una cadena de caracteres, sin espacios	Nombre del marco. Se usa para cargar el contenido de los enlaces en el *iframe*.
sandbox	allow-forms allow-pointer-lock allow-popups allow-same-origin allow-scripts allow-top-navigation	Opciones de seguridad para contenido del *iframe*. Pueden aparecer varios valores separados por espacios.

Tabla 3.12. Atributos de *iframe*.

3.10. Formularios

Los formularios son una parte muy importante del diseño web y una de las que más tiempo lleva a diseñadores y desarrolladores. Hay que tener en cuenta que el tratamiento completo de los formularios requiere en general procesamiento tanto en el cliente como en el servidor, áreas que no se tratan en este libro.

3.10.1. Descripción general y uso de formularios

Los formularios se usan principalmente para solicitar información al usuario, aunque también es posible manejarlos desde JavaScript en aplicaciones que requieran interacción con el usuario, como una calculadora. Muestran al usuario una serie de controles como: campos de texto, botones, casillas de verificación, listas desplegables… Suelen tener un botón de envío. Cuando se pulsa el botón de enviar, los datos se envían al servidor web que se encargará de procesarlos.

Como ejemplo típico, podemos pensar en la página de acceso (*login*) a nuestro correo web.

1. El primer paso consiste en acceder al servidor de correo mediante el navegador.

2. El servidor envía la página, que contiene un formulario de entrada similar a este.

```html
<!doctype html>
<html>
    <head>
        <title>Formularios</title>
    </head>
    <body>
        Por favor, introduzca usuario y contraseña
        <form name="login" autocomplete action="procesar.php" method="post">
            Usuario: <input type="text" name="user"><br>
            Contraseña: <input type="password" name="passw"><br>
            <input type="submit" value="Enviar">
            <input type="reset" value="Limpiar">
        </form>
    </body>
</html>
```

Ejemplo 3.34. Formulario de *login*.

El aspecto de este formulario en el navegador será:

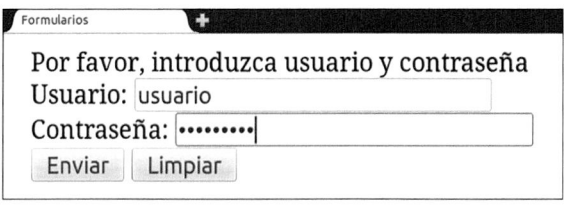

Ilustración 3.17. Formulario de *login*.

3. El usuario rellena nombre de usuario y contraseña y pulsa a enviar. El servidor recibe los datos que acaba de introducir.

4. El servidor comprueba en su base de datos si el nombre de usuario y contraseña recibidos son correctos.

5. Si son correctos, se muestra la bandeja de entrada del usuario. Si no son correctos, se muestra un mensaje de error y se vuelve a ofrecer el formulario de acceso.

En el ejemplo anterior, podemos ver algunas de las características básicas de los formularios:

- Para crear formularios se usa el elemento *form*. Puede tener un nombre (atributo *name*). No debe haber dos formularios con el mismo nombre en una página.

- Dentro del elemento *form* se colocan todos los controles que forman parte del usuario. En este caso, dos cajas de texto y dos botones.

- Los botones de envío o de limpiar campos afectan a los controles situados dentro del mismo elemento *form*.

- Los atributos *action* y *method* definen la comunicación con el servidor. Los trataremos en el apartado 3.10.3.

- El atributo booleano *autocomplete* indica que debe permitirse la opción de autocompletado para el formulario. También tiene que estar activada en el navegador.

- Todos los elementos que permiten al usuario introducir información tienen que tener un atributo *name*. Este nombre se usa para pasar la información introducida al servidor.

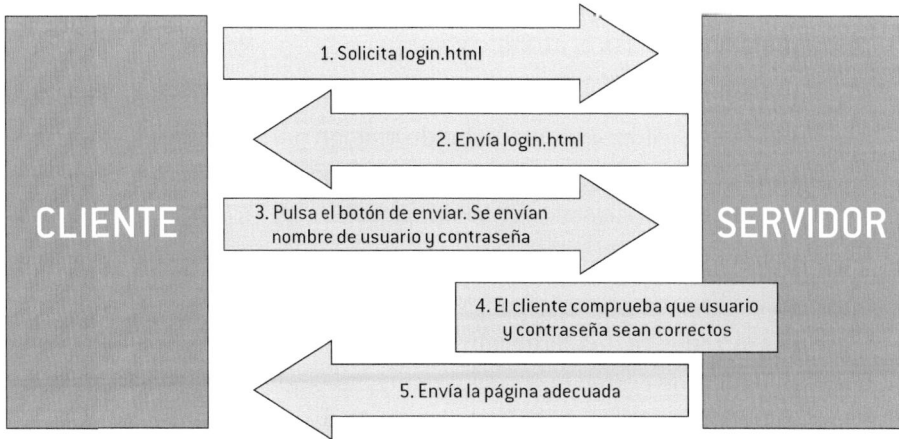

Ilustración 3.18. Esquema básico de comunicación entre cliente y servidor.

3.10.2. Elementos de un formulario: texto, botones, etc.

El elemento básico para crear los controles de un formulario es *input*. Se puede usar para varios tipos de controles, según el valor que tome el atributo *type* (en la especificación de HTML estos valores se denominan *estados* del control). Algunos de estos valores se han introducido en HTML5 y por el momento los navegadores solo los soportan parcialmente.

Algunos de los más habituales son:

- Campo de texto (*type='text'*, o sin *type*, ya que es el valor por defecto). Muestra para una caja de texto de una sola línea. Se puede crear con un texto inicial usando el atributo *value*.

- Campo para contraseña (*type='password'*). Muestra un campo de texto como el anterior, pero el texto introducido se muestra enmascarado.

- Botones de radio (*type='radio'*). Cuando se marca un botón de radio, los demás botones que tengan el mismo valor en el atributo *name* se deseleccionan. Si deseamos tener varios grupos de botones de radio, hay que asegurarse de que tengan nombres diferentes. Para que un botón de radio esté marcado al cargar la página, se le añade el atributo *checked*.

- Casillas de verificación (*type='checkbox'*). Muestra unas casillas que se pueden marcar o desmarcar. No afecta a otras casillas de verificación, aunque tengan el mismo valor en el atributo *name*. Para que una casilla esté marcada al cargar la página, se le añade el atributo *checked*.

- Botones. Con *type='submit'* se crea un botón de envío del formulario. Con *type='reset'*, un botón que limpia todos los campos del formulario. Con *type='button'*, crea un botón genérico al que habrá que dotar de funcionalidad usando JavaScript. En los tres casos se puede especificar el texto del botón con el atributo *value* (para los botones de *submit* y *reset* hay valores por defecto si no se usa el atributo *value*).

- Selector de ficheros (*type='file'*). Sirve para seleccionar ficheros del ordenador del cliente. Muestra un cuadro de diálogo para realizar la selección. También se muestra la ruta del fichero seleccionado en un campo de texto o similar (hay diferencias entre navegadores).

- Correo electrónico (*type='email'*). Es un campo de texto que solo admite uno o varios correos electrónicos. No permite el envío del formulario hasta que no se introduzca una dirección de correo válida. No comprueba que la que la dirección de correo exista realmente, sino que la cadena introducida cumpla ciertas condiciones. Novedad en HTML5.

- Selector de fechas (*type='date'*). Para introducir fechas, es una novedad en HTML5. En Chrome se muestra así:

Ilustración **3.19**. Elemento input con *type='date'*.

- Campo para números (*type='number'*). Es una caja de texto que debe contener un número (puede tener decimales). No se permite enviar el formulario mientras el campo no tenga un valor válido. Si se usan los atributos *min* y *max*, también se comprobará que el valor introducido cumpla esas condiciones.

- Campo oculto (*type='hidden'*). Se trata de una caja de texto que no se muestra al usuario. Aunque pueda parecer inútil, su uso es bastante frecuente. Es habitual que los datos introducidos por el usuario se transformen mediante JavaScript antes de enviarse al servidor. Un campo oculto se puede usar para almacenar los datos transformados y que se envíen como un campo más al servidor. También es posible usarlos para mandar al servidor información que no queremos que el usuario pueda ver o modificar.

El siguiente ejemplo muestra algunas de estas posibilidades.

```html
<!DOCTYPE html>
<html>
 <head>
  <title>Formularios. Elemento input</title>
   <meta charset="UTF-8">
 </head>
 <body>
  <h1>Bienvenido al IES Clara del Rey</h1>
  <h2>Formulario de Registro</h2>
```

```
<form action="procesar.php" method="get" >

<h3>Datos personales</h3>

Nombre y apellidos: <input required name="apellido">

<!--botones de radio, dos grupos diferentes-->

<p>Hombre<input type="radio" name="sexo" value="hombre">

Mujer<input type="radio" checked name="sexo" value="mujer">

<p>Mayor de edad<input type="radio" name="edad" value="mayor">

Menor de edad<input type="radio" checked name="edad"
value="menor"></p>

<!--checkbox-->

<p>Antiguo alumno <input name="antiguo" type="checkbox"></p>

 <p>Solicita convalidación<input name="conva" type="checkbox"></p>

<!--para seleccionar un fichero-->

<p>Adjunte fichero con la fotografía<input name="foto" type="file"
></p>

<!--para seleccionar un color-->

<p>Seleccione su color favorito<input name="color" type="color"></p>

<p>Seleccione número de hermanos o hermanas:

<!-- este campo solo admite numeros entre 0 y 99-->

<input name="hermanos" type='number' max="99" min="0"></p>

<!--botones-->

<input type="submit">

<input type="reset">

</form>

</body>

</html>
```

Ejemplo 3.35. Formulario con varios tipos (estados) de *input*.

El resultado en el navegador. Está abierto el cuadro de diálogo para selección de ficheros.

Ilustración 3.20. Elemento *input*.

Esta tabla resume los posibles valores del atributo *type* para el elemento *input*.

Valor de type	Descripción
text	Campo de texto, es el valor por defecto.
password	Contraseña, el texto tecleado se muestra enmascarado.
radio	Botones de radio.
checkbox	Casillas de verificación.
submit	Botón para enviar el formulario.
reset	Botón para limpiar todos los campos del formulario.
file	Permite seleccionar uno o varios ficheros del cliente.
button	Botón genérico.
email	El campo debe contener uno o varias direcciones de correo.
number	El campo debe contener un número.
range	Se muestra un selector que permite escoger un valor dentro de un rango.
color	Para seleccionar un color a través de una paleta de colores.
hidden	Campo de texto oculto.
image	Botón de envío con una imagen, que se especifica con el atributo *src*.
date, time, url, tel	Campos de texto para introducir fecha, hora, una URL o un teléfono, respectivamente.

Tabla 3.13. Estados del elemento *input*.

Otros atributos para el elemento *input*

La siguiente tabla muestra los atributos comunes para los diferentes tipos de *input*. No todos se pueden aplicar a todos los tipos de *input*. Algunos ya se han usado en el ejemplo anterior.

Atributo	Valores posibles	Descripción
maxlength minlength	Un número entero	Número máximo y mínimo de caracteres que puede tener el campo.
max min	Un número	Valor máximo y mínimo.
size	Un número	Tamaño con que se muestra el control.
required	Atributo booleano	Campo obligatorio.
multiple	Atributo booleano	El usuario puede introducir más de un valor.
list	El id de un datalist	Asocia el campo con un *datalist*.
placeholder	Una cadena de texto	Texto que se muestra en el campo hasta que el usuario introduzca un valor (no es un valor inicial).
step	Un número entero	Valor en que se incrementa o decrementa el campo mediante los botones (ver ejemplo 3.34).
pattern	Una expresión regular	El valor introducido debe cumplir la expresión.

Tabla 3.14. Otros atributos del elemento *input*.

Otros controles de usuario

Además de los diferentes tipos de elemento *input,* hay más controles de usuario disponibles. Los más importantes son:

- El elemento *select* crea una lista desplegable. Con el elemento *option* se añaden las opciones que se quieran mostrar en la lista. Se puede especificar la opción seleccionada inicialmente con el atributo *selected*.

  El atributo *value* se usa para especificar el valor que recibirá el servidor si se selecciona esa opción. Si no hay atributo *value,* se pasa el texto contenido en la etiqueta *option*.

- El elemento *optgroup* es opcional. Sirve para agrupar varias opciones de una lista desplegable. Las opciones agrupadas aparecerán bajo un título común, que se especifica con el atributo *label* de *optgroup*.

- Con *datalist* se crea una lista de valores predefinidos que se puede asociar a uno o más elementos *input*. El elemento *datalist* debe tener un atributo *id* y el control asociado un atributo *list* con el valor de ese *id*. Cuando el usuario empieza a introducir texto, el navegador muestra las opciones que coinciden con el texto ya tecleado. Es posible seleccionar una de esas opciones en lugar de escribir todo el texto.

- El elemento *textarea* es como un campo de texto pero con más de una línea. Sus atributos más importantes son *cols* y *rows*, que indican respectivamente el número de columnas y filas.

- El elemento *button* sirve para crear un botón. El texto del botón se indica entre las etiquetas. El atributo *type* admite los valores *'submit'*, *'reset'* y *'button'*. Con los dos primeros conseguimos botones para enviar y limpiar el formulario. Con el tercero el botón no hace nada, hay que añadirle funcionalidad por medio de JavaScript.

Este ejemplo muestra cómo usarlos:

```html
<!DOCTYPE html>
<html>
 <head>
  <title>Formularios. Más controles</title>
  <meta charset="UTF-8">
 </head>
 <body>
  <form name="formu" action="procesar.php" method="post">
   Elemento textarea<br>
   <textarea name="texto" cols="80" rows="6"></textarea>
   <p>Lista desplegable</p>
   <select name="ciclo">
    <optgroup label="Informática">
    <option value="daw">Desarrollo de aplicaciones web</option>
    <option value="dam">Desarrollo de aplicaciones
                        multiplataforma</option>
    <optgroup label="Administración">
```

```html
        <option value="ga">Gestión administrativa</option>

        <option value="ci">Comercio internacional</option>

      </select>

      <!--saltos de línea para que se vea bien el formulario-->

      <br><br><br><br>

      <p>Caja de texto asociada a un <em>datalist</em></p>

      <datalist id="provincias">

       <option value="Palencia"/>

       <option value="Valencia"/>

       <option value="Madrid"/>

      </datalist>

      <input name="prov" list="provincias">

      <br>

      <!--botones-->

      <button type="submit">Enviar</button>

      <button type="reset">Borrar</button>

    </form>

  </body>

</html>
```

Ejemplo 3.36. Listas desplegables, cajas de texto y *datalist*.

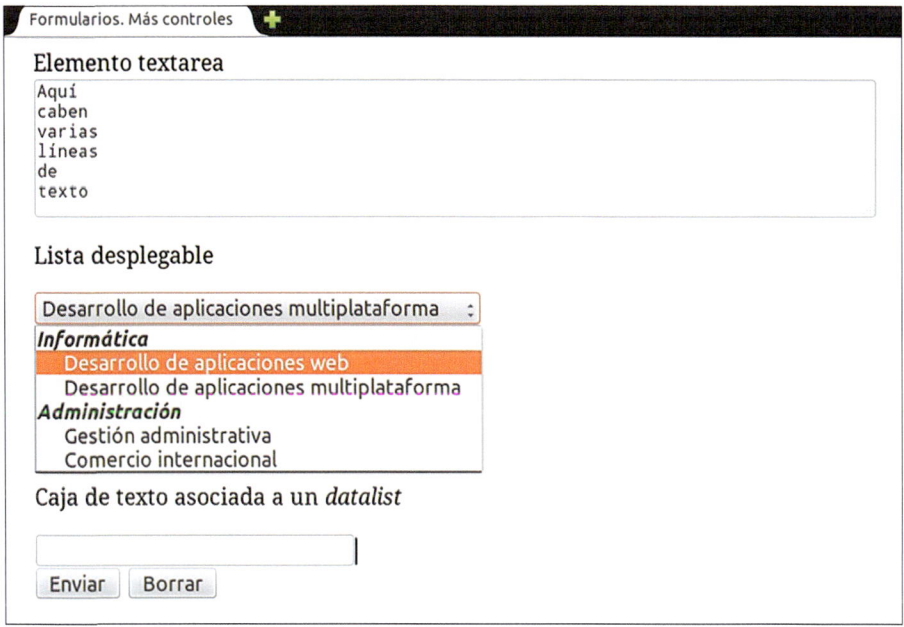

Ilustración 3.21. Otros controles de usuario.

3.10.3. Procesamiento de formularios

Cuando se pulsa el botón de envío, primero el navegador comprueba si los campos del formulario cumple con todas las restricciones, por ejemplo, el atributo *required* o los tipos de *input* que restringen el contenido (*type='email'*, *type='number'*).

Ilustración 3.22. Error al validar correo electrónico.

También es habitual validar ciertos campos usando JavaScript. Es interesante hacer todas las validaciones posibles en el cliente para evitar una comunicación adicional con el servidor.

Si pasa ambas validaciones, la información del formulario se envía a la URL especificada en el atributo *action* usando el método indicado en el atributo *method*.

En *action* se debe indicar la URL a la que se envían los datos del formulario. Suele ser un *script* en PHP, el lenguaje más utilizado en el lado del servidor. En *method* se especifica el método que se usa para la comunicación con el servidor. El protocolo HTTP define ocho métodos o verbos para la comunicación con el servidor:

GET, POST, HEAD, PUT, CONNECT, DELETE, TRACE, OPTIONS. Se usa un método u otro en función del tipo de operación que se esté solicitando al servidor. Para solicitar una página a un servidor, se usa el método GET. Para los formularios, se suele usar POST, puesto que suponen un envío de información. Una diferencia al usar GET o POST es que con GET, cuando se envía el formulario, la URL muestra tanto los nombres como los valores de los controles del formulario. Por esta razón, es habitual que se use el método GET en los ejemplos sobre formularios, aunque lo más apropiado sea POST.

En el ejemplo 3.34 *(login)*, si cambiamos el atributo *method* por GET, al pulsar el botón de envío obtendremos un mensaje de error, puesto que el fichero *procesar.php* no existe. Si nos fijamos en la barra de direcciones, veremos que el final de la URL es parecida a esta:

```
procesar.php?usuario=usuario&passw=123123
```

Podemos observar:

- La primera parte es el nombre del fichero indicado en *action*.
- A partir del símbolo '?' se especifican los campos del formulario, que se separan con el carácter '&'.
- Cada campo del formulario se envía con el formato *nombre=valor*. El nombre es el atributo *name* del control y el valor es el introducido por el usuario.

Si probamos a rellenar el formulario del ejemplo 3.35 (y cambiamos el atributo *method* por GET), la URL podría ser:

```
procesar.php?apellido=Manuel+Pez&sexo=hombre&edad=mayor&
antiguo=on&foto=india.JPG&color=%23000000&hermanos=5
```

Para los botones de radio, se usa como valor el campo *value* del botón de radio seleccionado.

3.10.4. Formateado de formularios: atajos de teclado, orden de edición, grupos, etiquetas, etc.

```
<!DOCTYPE html>
<html>
 <head>
```

```
<title>Formularios: atajos de teclado, grupos...</title>
</head>
<body>
<form action="procesar.php" method="post" >
 <fieldset>
  <!--label implícito: el control esta dentro del elemento label-->
  <label>Nombre <input type="text" name="nombre"  tabIndex="2"
    accesskey="n"></label>
  <!--label explícito usando el atributo for-->
  <label for="campoApellido">Apellido</label>
  <input tabIndex="1" name="apellido" autofocus accesskey="a p"
    id="campoApellido">
  <!--botones-->
  <legend>Datos personales</legend>
 </fieldset>
 <button tabIndex="3" type="submit">Enviar</button>
 <button tabIndex="4"type="reset" >Limpiar</button>
</form>
</body>
</html>
```

Ejemplo 3.37. Formulario con *fieldset, legend* y atajos de teclado.

En los ejemplos que hemos visto hasta ahora, hemos añadido texto al formulario colocándolo al lado del control correspondiente. Es posible relacionar controles y etiquetas usando el elemento *label*. Se puede hacer de manera explícita usando el atributo *for* de la etiqueta *label* y el atributo *id* del control con el que queramos asociarlo. También se puede hacer de manera implícita, situando el control dentro del elemento *label*. En el ejemplo 3.37 se muestran ambas opciones.

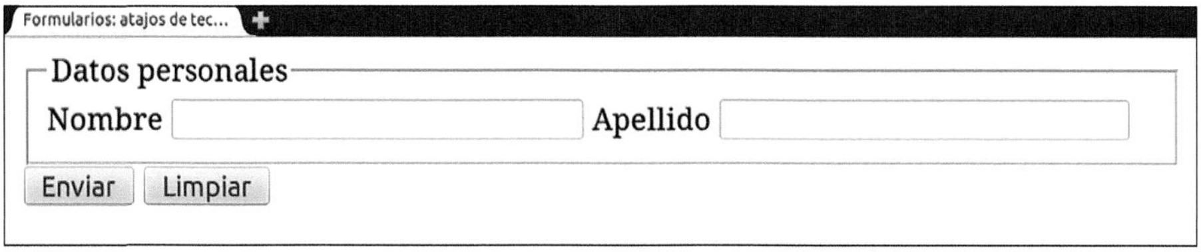

Ilustración 3.23. Elementos *fieldset* y *legend*.

Con el elemento *fieldset* se define un grupo de controles. Opcionalmente puede contener el elemento *legend,* que sirve para dar un nombre al grupo. Los controles que estén dentro del mismo elemento *fieldset* se representan dentro de una misma caja en el formulario.

Manejo de formularios con el teclado

Los atajos de teclado se crean mediante el atributo *accesskey*. Es un atributo global, por lo que se puede usar en cualquier elemento HTML, no solo en los formularios. Permite especificar una o varias letras de acceso para un elemento. Cuando el usuario pulsa una de esas teclas, el foco se sitúa sobre el elemento correspondiente.

Para establecer el orden de edición se usa el atributo *tabindex*. También es un atributo global. Por ejemplo, si el foco está situado sobre un control con *tabindex='2'*, al pulsar el tabulador el foco, pasará al elemento con *tabindex='3'*.

Estos atributos son importantes para diseñar páginas web accesibles. Hay usuarios que no pueden usar con facilidad un ratón, pero sí un teclado, y, si estos atributos están bien establecidos, pueden navegar por el formulario o la página con facilidad.

3.11. Elementos específicos para tecnologías móviles

La aparición de móviles y tabletas ha supuesto nuevas oportunidades para los diseñadores web, pero también les ha dado bastantes quebraderos de cabeza. Durante mucho tiempo fue necesario un desarrollo diferenciado para móviles, aunque actualmente, con HTML y las *media queries* de CSS, que permiten definir reglas de estilo según las características del dispositivo, no lo es. Se tratan en el apartado 4.3.

3.11.1. Selección del lenguaje de marcas para tecnologías móviles

Los primeros dispositivos móviles con capacidad para acceder tenían unas características muy limitadas. Pantallas pequeñas, pocas posibilidades gráficas y capacidad de cómputo escasa. Se desarrolló un protocolo de comunicación (WAP) y lenguajes de marcas específicos para este tipo de dispositivos como Handheld Device Markup Language (HDML), Wireless Markup Language (WML), C-HTML (Compact HyperText Markup Language) y XHTML Mobile Profile.

Actualmente, los nuevos *smartphones* no tienen problemas con las páginas en HTML5 y, por tanto, no hace falta un lenguaje de marcas específico.

3.11.2. Hojas de estilo en dispositivos móviles

Con CSS3 es posible hacer hojas de estilo que se adapten a diversos tamaños de pantalla o a la orientación de la misma. Es posible hacer que una misma página se vea de maneras diferentes en ordenador y en un móvil, por ejemplo. En la sección 4.3 se trata este tema en profundidad.

3.12. Elementos en desuso *(deprecated)*

Con la evolución del HTML muchas etiquetas han desaparecido de la especificación del lenguaje, y otras han quedado relegadas a último recurso. Se trata en general de las etiquetas relacionadas con el formato del texto, como la fuente o el color.

3.12.1. Texto parpadeante

El elemento *blink* es un elemento no estándar, nunca llegó a formar parte de ninguna de las versiones de HTML. Lo incluyó el navegador Netscape y durante algún tiempo fue soportado por otros. Siempre tuvo muy mala fama entre los diseñadores web al considerar que dificultaba la lectura de las páginas.

```
<blink>Texto parpadeante, una opción poco recomendada</blink>
```

La manera correcta para conseguir este efecto es con animaciones de JavaScript o CSS. En el apartado 4.2.4 hay un ejemplo que muestra cómo hacerlo con CSS.

3.12.2. Marquesinas

Las marquesinas son texto en movimiento. Era habitual usarlas en los títulos, para que fueran más vistosos. Gustaba más a los diseñadores caseros que a los profesionales del diseño web. Como en el caso anterior, si se desea animar un título u otro elemento es mejor hacerlo mediante JavaScript o CSS. En el apartado 4.2.4 hay un ejemplo que muestra cómo hacerlo con CSS.

3.12.3. Alineaciones

Los atributos *align* y *valign* fueron válidos hasta la versión 4.01 Loose (incluida). Eran aplicables a muchos elementos. Por ejemplo, para centrar un párrafo horizontalmente en la pantalla.

```
<p align="center">Párrafo centrado en la pantalla</p>
```

Con *valign* se indicaba la alineación vertical del elemento dentro del elemento contenedor.

```
<p valign="top">Párrafo en la parte superior</p>
```

Para centrar horizontalmente elementos, también existía *<center>*. En el capítulo 4 se explica cómo posicionar los elementos de una página web mediante hojas de estilo.

3.12.4. Otros elementos en desuso

Entre los elementos obsoletos que más siguen usándose podemos citar los siguientes:

- *font*, para fuentes de texto.
- atributos *background* y *background-color*.
- *applet*, para incrustar *applets* de Java en un fichero HTML.
- *frame* y *frameset*. Como se comentó en la sección 3.9, HTML5 no tiene soporte para marcos.

EJERCICIOS

3.1. Marca la afirmación que consideres verdadera sobre la etiqueta meta:

a) La etiqueta *meta* especifica el DOCTYPE, que indica qué versión de HTML o XHTML se usa en la página.

b) La etiqueta *meta* está en desuso y se considera que su uso es un error de diseño.

c) La etiqueta *meta* incluye información sobre la propia página, como el autor o el idioma.

d) La etiqueta *meta* se usa para vincular a una página documentos tales como una CSS.

3.2. Marca la respuesta que consideres correcta:

a) En el lenguaje HTML se distingue entre mayúsculas y minúsculas.

b) El atributo *alt* del elemento *img* es opcional.

c) El elemento *title* es obligatorio.

d) Ninguna de las anteriores.

3.3. Las páginas de marcos *(frameset)*...

a) Son una novedad de HTML5.

b) Son la opción ideal para dispositivos móviles.

c) No se recomiendan porque mezclan la información con la forma de representarla, entre otras cosas.

d) Son la mejor opción para maquetar una página de manera sencilla.

3.4. ¿Qué hay que introducir en los enlaces para que las páginas se carguen en una ventana/pestaña nueva del navegador?

a) target="_blank"

b) target="_nueva"

c) newwin="_new"

d) windows="_top"

3.5. Elige la etiqueta correcta para el encabezado de mayor tamaño:

a) h1

b) <header>

c) <title>

d) h6

3.6. ¿Cuál de las siguientes opciones es correcta si queremos hacer un enlace desde nuestra página a la página www.elpais.com?

a) <a "http://www.elpais.com">...

b) <a href="http://www.elpais.com">...

c) <link page="http://www.elpais.com">...

d) <link href="http://www.elpais.com">..

3.7. Elige la opción correcta para insertar una imagen:

a) <image src="imagen.gif" alt="MiImagen" />

b) <img alt="MiImagen">imagen.gif</img>

c) <img src="imagen.gif" alt="MiImagen" />

d) <image data="imagen.gif" alt="MiImagen" />

3.8. ¿Cómo puedes hacer una lista que use números para los elementos?

a) <ol>

b) <list>

c) <dt>

d) <ul>

3.9. La primera etiqueta fundamental en un documento HTML es...

a) <a>

b) <title>

c) <head>

d) <html>

3.10. ¿Qué respuesta contiene solo etiquetas relacionadas con tablas?

a) col, table, alt, th.

b) strong, table, td, th.

c) tr, td, href, table.

d) tr, td, caption, colgroup.

3.11. Puede decirse que el HTML5:

a) Es una aplicación del lenguaje XHTML.

b) Es una aplicación del lenguaje SGML.

c) Es una aplicación del lenguaje XML.

d) Ninguna de las anteriores.

3.12. ¿Qué significa HTML?

a) Hyper Text Mondial Language.

b) Hyper Tool Mega Language.

c) Hyper Text Markup Language.

d) Hyper Text Mondial Line.

3.13. ¿Para qué sirve el atributo *maxlength*?

a) La altura máxima de un *frame*.

b) El número máximo de caracteres en una página HTML.

c) Define el número máximo de caracteres en el campo texto de un formulario.

d) La altura en pixeles de los caracteres de la página.

3.14. ¿Cómo se inserta una *checkbox* (casilla de verificación) en un formulario?

a) <input type="checkbox" />

c) <checkbox>

d) <input type="check" />

3.15. En HTML4, los elementos deprecados *(deprecated)*:

a) Se pueden usar si se usa la versión *loose*.

b) Se pueden usar si se usa la versión *strict*.

c) Se pueden usar, pero no se recomienda.

d) Funcionan solo en las versiones más modernas de los navegadores.

3.16. ¿Cómo se pone un comentario en un fichero HTML?

a) /*comentario*/

b) // comentario

c) <comment> comentario <comment>

d) <!-- comentario -- >

ACTIVIDADES

1. Crea una página con este aspecto.

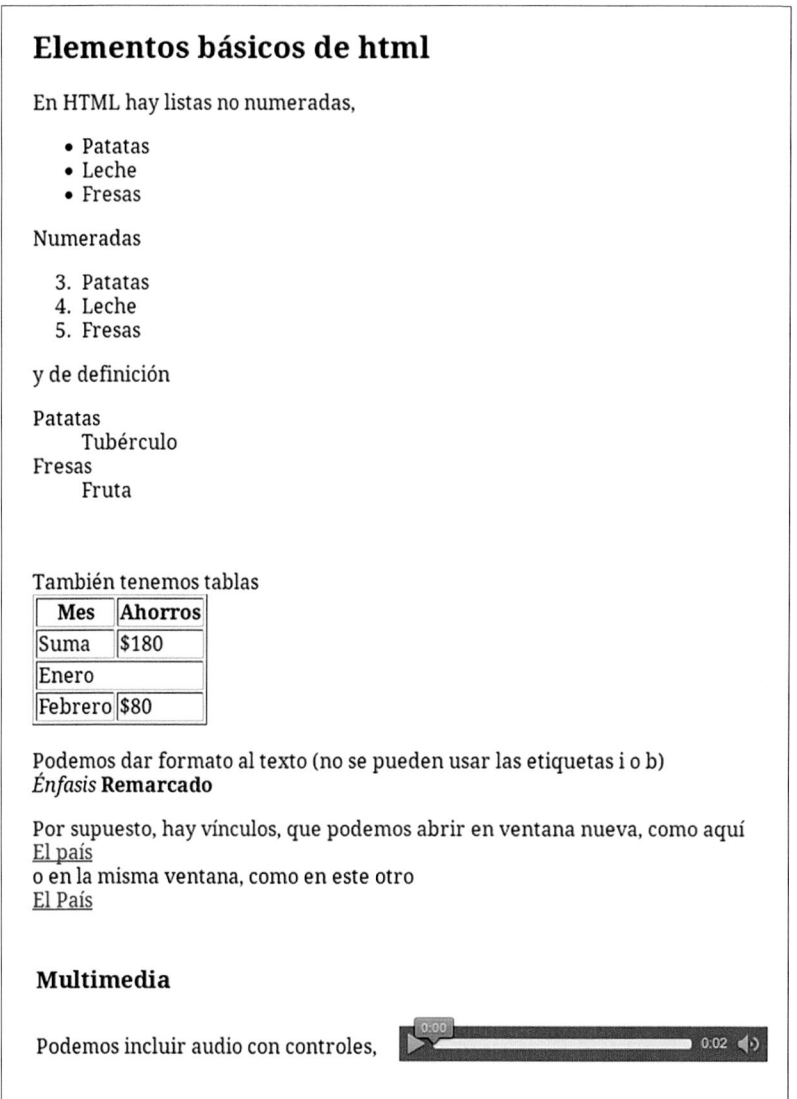

Busca un fichero de audio en internet e insértalo en la página. Asegúrate de que se oye bien en varios navegadores. Si necesitas convertir el formato del fichero, utiliza un conversor *online* (http://www.online-convert.com/).

2. A partir del ejemplo 4.21, añade una columna extra a la tabla con una fotografía del director de la película.

3. Escribe una página con un formulario como el de la imagen.

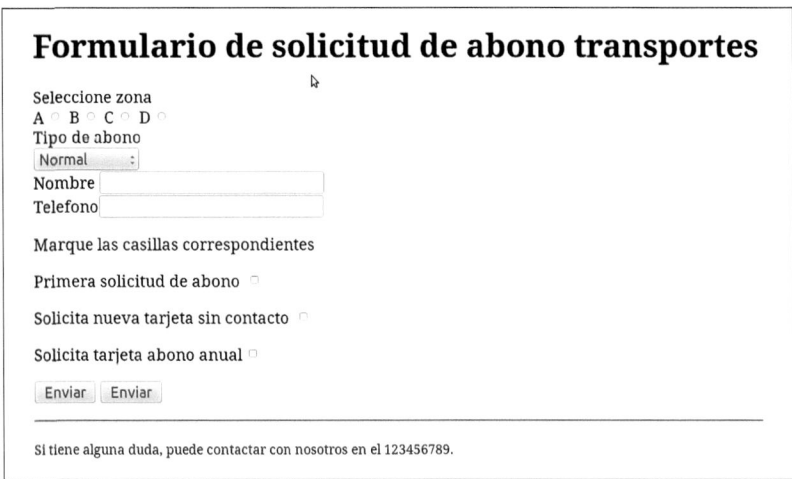

La lista desplegable debe mostrar los valores 'Joven', 'Normal y 'Tercera Edad'. El formulario se envía a 'procesar.php' con el método GET. Observa la URL para comprobar que envía todos los campos.

4. Basándote en el ejemplo 3.33 crea una página con un *iframe* para mostrar las páginas de los ejercicios anteriores.

5. Prueba las páginas que has escrito con el validador de W3C. Haz los cambios necesarios para que no haya errores ni advertencias.

4. Hojas de estilo web

Contenido

Las hojas de estilo se ocupan de los aspectos de presentación de una página web. A medida que los elementos presentacionales han ido despareciendo del HTML, las hojas de estilo han ido ganando en importancia. A día de hoy son un elemento fundamental en el diseño web y con la última versión, CSS3, su utilidad se ha incrementado notablemente. Mediante las hojas de estilo podemos:

- Asignar fuentes de texto, colores y tamaño a los elementos de la página.

- Crear la estructura de la página: posición y tamaño de las secciones.

- Adaptar el contenido al tipo de dispositivo con el que se accede a la página: móvil, ordenador, lector de pantalla para ciegos o interfaz braille.

- Adaptar el contenido según el tamaño de la pantalla o la orientación de la misma.

- Crear animaciones, transiciones y otros efectos avanzados.

El lenguaje CSS se puede usar para dar formato a HTML, XHTML y otros lenguajes de marcas basados en XML. Define una serie de propiedades para los elementos. Por ejemplo, el color de fondo y el tamaño de la fuente son propiedades. Una hoja de estilo consiste en una serie de reglas para fijar los valores de las propiedades de los elementos de la página.

La versión 2.1 es la última recomendación completa del lenguaje. A partir de CSS3 se usa un diseño modular. El lenguaje se ha partido en varias partes o módulos, y es posible definir nuevas versiones de un módulo con independencia de los demás. Se han definido más de 50 módulos para CSS3, pero solo cuatro han llegado a convertirse en recomendaciones por ahora. El W3C se encarga del mantenimiento de la especificación del lenguaje. En este capítulo se muestran las propiedades de estilo más relevantes para los elementos HTML. Está muy lejos de ser una revisión exhaustiva, ya que hay más de 300 propiedades definidas.

4.1. Tipos de hojas de estilo: estáticas y dinámicas

La mayoría de las hojas de estilo son estáticas. Es decir, su contenido no varía. El servidor enviará la misma hoja de estilo a todos los clientes. Como iremos viendo a lo largo de este capítulo, hay mecanismos para adaptar las hojas de estilo a diversos tipos de dispositivos, así que las hojas estáticas suelen cubrir todas las necesidades.

Por hojas de estilo dinámicas se entienden aquellas que son generadas por el servidor. El servidor no devolverá siempre la misma hoja de estilo, sino que la generará con cada petición como se hace con PHP y HTML. Su uso es muy reducido.

También se distingue entre:

- Hojas de estilo de autor: las crea el diseñador de la página web. Al hablar de hojas de estilo, en general nos referimos a estas.

- Hojas de estilo de usuario: las crea el usuario de la página para visualizarla mejor o para eliminar elementos molestos.

- Hojas de estilo de agente de usuario (navegador): son las que usan los navegadores para mostrar las páginas. Definen, por ejemplo, cómo se mostrará el texto marcado con *strong* o *em*.

4.2. Elementos y estructura de una hoja de estilo

Las hojas de estilo están formadas por una o más reglas. Cada regla consta de un selector y un bloque de declaraciones, que va entre llaves ({...}). Un bloque consiste en una o más declaraciones separadas por un punto y coma (;). No es necesario ponerlo cuando solo hay una declaración. Cada declaración está formada por una propiedad y un valor, separados con dos puntos (:).

En el ejemplo 4.1 podemos ver una regla sencilla. El selector es *p,* y hay dos declaraciones. La primera asigna el valor *red* a la propiedad *color,* y la segunda el valor *xx-large* a la propiedad *font-size.* Estas reglas harán que el texto de los elementos *p* se vea en rojo y muy grande.

```
p {
    color: red;
    font-size: xx-large;
}
```

Ejemplo 4.1. Regla de estilo para elementos *p.*

4.2.1. Creación de hojas de estilo

Es posible incluir hojas de estilo en una página de tres maneras:

- Hojas de estilo externas.

- Hojas estilo internas o incrustadas (*embedded*), usando el elemento *style*.

- Hojas de estilo en línea, usando el atributo *style*.

Las hojas de estilo externas se crean en un fichero de texto con la extensión .css. Para incluirlas en una página web, se usa el elemento *link* en la cabecera de la página.

```
<!DOCTYPE html>
<html>
 <head>
  <link rel="stylesheet" href="ej1.css" media="all">
 </head>
 ...
```

Ejemplo 4.2. Hoja de estilo externa.

También es posible incluir normas de estilo directamente en el fichero HTML, como hemos visto en algunos ejemplos del capítulo 3. Se hace durante el desarrollo o para ejemplos pequeños, pero no es habitual para páginas en producción. Se puede hacer con el elemento *style* o con el atributo *style*.

El elemento *style* va dentro de la cabecera.

```
<head>
 <style>p { color: red }<style>
 </head>
```

Ejemplo 4.3. Elemento *style*.

El atributo global *style* se usa para dar estilo a un elemento en concreto. En este caso no hace falta usar selector.

```
<p style = "color: red">Texto en rojo</p>
```

Ejemplo 4.4. Atributo *style*.

4.2.2. Aplicación de estilos

Ya hemos visto que la primera parte de una regla es el selector. El selector se usa para determinar a qué elementos de la página afecta la regla. Los selectores más importantes son:

- Selector universal. Afecta a todos los elementos. Por ejemplo, con

    * { color: red }

  el texto de todos los elementos de la página se escribirá en rojo.

- Selector por nombre de elemento.

    p { color: red }

- Selector por atributo *id*. Permite aplicar las reglas a los elementos con cierto *id*. Para usarlo usamos el carácter '#' seguido del identificador.

    #principal { color: red }

- Selector por atributo *class*. Selecciona los elementos con determinado valor en el atributo *class*. En este caso se usa el carácter '.' seguido de la clase en cuestión. Es uno de los selectores más utilizados. Por ejemplo, esta regla se aplica a todos los elementos con clase 'importante':

    .importante { color: red }

  También es posible restringir el valor a ciertos elementos. Se usan los dos selectores seguidos, el de elemento y el de la clase. La siguiente regla se aplica solo a los elementos *p* con clase 'importante'.

    p.importante { color:red }

  Es importante no dejar espacio entre ambos selectores, porque entonces se trataría del selector descendiente.

- Selector por atributo. Podemos usarlo para seleccionar elementos que tengan un atributo con un valor determinado. El siguiente ejemplo cambia el tamaño de la fuente a los elementos que tengan atributo *target* con valor _blank.

    [target='_blank']{ font-size: x-large }

  Además de buscar que el valor el atributo sea una cadena en concreto, podemos buscar que contenga, empiece o termine por una subcadena.

```
/*reglas para imágenes con extensión jpg (nombre acaba en jpg)*/
img[src$='jpg']
/*reglas para imágenes cuyo nombre empiece por verano*/
img[src^='verano']
/*reglas para imágenes con la palabra 'persona' como subcadena
en el atributo alt*/
img[alt*='persona']
```

Ejemplo 4.5. Selector por atributo.

También es posible restringirlo solo a algunos elementos juntando ambos selectores. En el caso del atributo *target* tiene bastante sentido que la regla se aplique solo a los elementos *a*:

```
a[target='_blank'] { font-size: x-large }
```

Otra opción es usarlo para seleccionar a los elementos que tengan cierto atributo, sin importar qué valor tenga:

```
/*selecciona los elemento a con atributo target*/
a[target] { font-size: x-large }
```

- Selector descendiente y selector hijo. Permiten seleccionar elementos según su situación en el árbol del documento (ver apartado 3.2). Por ejemplo, es posible cambiar el estilo de los vínculos según estén en la barra de navegación o en otra parte de la página. Es habitual que los vínculos de la barra de navegación tengan aspecto de botones, en lugar de aparecer simplemente como texto subrayado. Podemos seleccionar solo esos vínculos así:

```
/*elementos a dentro de nav*/
nav a {...}
/*elementos a hijo de nav*/
nav+a {...}
/*elementos a dentro de footer*/
footer a {...}
```

En el ejemplo 4.6 se puede ver la diferencia entre ambos.

- Selector adyacente. Se trata de un elemento hermano que aparece justo después en documento. Esta regla afecta a los elementos *p* adyacentes a un *h1*.

```
h1 + p { font-size: x-large }
```

- Selector múltiple. Es posible usar varios selectores separados por comas. La regla se aplica a los elementos seleccionados por cualquiera de ellos.

```
/*elementos h1 y elementos con clase importante*/
h1, .importante {...}
```

En este ejemplo se muestra cómo usar algunos de estos selectores.

```
<!DOCTYPE html>
<html>
 <head>
  <meta charset='UTF-8'>
  <title>Ejemplo de selectores</title>
  <style>
   /*para elementos con clase grande*/
   .grande { font-size: x-large }
   /*para elemento con id enorme*/
   #enorme { font-size: xx-large }
   /*para elementos a con atributo target="_blank"*/
   a[target='_blank'] { font-size: x-large }
   /*para elementos p hijos de section */
   section > p { text-decoration: underline }
   /*para elementos p descendentes de section */
   section p {font-size: x-large }
  </style>
 </head>
 <body>
  <p c >Párrafo normal</p>
  <p class="grande">Párrafo con clase grande</p>
  <p id="enorme">Párrafo con id enorme</p>
  <p>Vínculo en la misma ventana <a href="http://www.w3.org">W3C
   </a></p>
  <p>Vínculo en ventana nueva <a href="http://www.w3.org"
   "target="_blank">W3C</a> </p>
  <section>
```

```
  <p>Párrafo hijo de section</p>
  <div>
   <p>Párrafo nieto de section</p>
  </div>
  </section>
  </body>
 </html>
```

Ejemplo 4.6. Selectores básicos.

El resultado de este ejemplo en el navegador será:

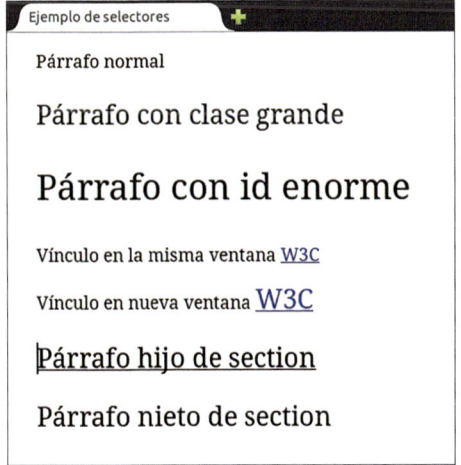

Ilustración 4.1. Selectores básicos.

Pseudoclases y pseudoelementos

Las pseudoclases amplían las posibilidades de los selectores. En esta sección vemos las más importantes, pero iremos viendo más a lo largo del capítulo. Su nombre siempre empieza por dos puntos (:).

- Pseudoclases estructurales. Permiten seleccionar elementos a partir de su posición en el árbol del documento. Algunas son:

  — *:first-child*. Permite seleccionar los elementos que son el primer hijo de otro. Esta regla se aplica a los párrafos que sean el primer hijo de un elemento *section*.

  ```
  section > p:first-child
  ```

  Valdría para este caso:

```
<section>
  <p> Primer hijo</p>
</section>
```

Pero no para este otro:

```
<section>
  <h1>Encabezado</h1>
  <p> Segundo hijo</p>
</section>
```

— *:nth-child(n).* El hijo n-ésimo. Admite *:nth-child(odd)* y *nth-child(even)* para diferenciar entre hijos pares e impares y también expresiones más complejas.

```
/*tercer hijo*/
:nth-child(3) { color: red }
/*hijos pares*/
:nth-child(even) { color: red }
/*hijos impares*/
:nth-child(odd) { color: red }
/*hijos 1,4,7,10*/
:nth-child(3n+1) { color: red }
```

— *:first-of-type.* Selecciona el primer elemento de cierto tipo. Selecciona el primer elemento *p* que aparece como hijo de un elemento *section*.

```
section > p:first-of-type
```

- Pseudoclases dinámicas. Dentro de estas se distinguen entre las pseudoclases de vínculos (*:link* y *:visited*, que veremos en detalle en la sección 4.2.3) y las de acción de usuario, que son estas tres:

—*:hover.* Se aplica cuando el usuario está pasando el ratón por encima del elemento. Para cambiar el color del texto de un párrafo cuando el ratón pasa por encima, se puede hacer:

```
p:hover { font-size: x-large }
```

— *:active*. Cuando el usuario active el elemento, por ejemplo, al pulsar con el ratón en un botón o vínculo. La siguiente regla cambia el tamaño del texto del vínculo solo mientras el ratón está pulsado.

```
a:active { font-size: x-large }
```

— *:focus*. Se activa cuando el elemento recibe el foco. Sirve para los elementos que aceptan entrada por teclado o de algún otro tipo, como los controles de un formulario. Esta regla se aplica a las cajas de texto solo cuando el usuario esté editándolas.

```
input[type='text']:focus { font-size: x-large }
```

Los pseudoelementos permiten seleccionar elementos que no han sido definidos explícitamente en el documento. Su nombre empieza por '::'.

- Pseudoelemento *::first-line*. Permite seleccionar la primera línea de texto de un elemento.

```
/*primera línea de los elementos p*/
p::first-line { font-size:x-large }
```

- Pseudoelemento *::first-letter*. Similar al anterior, pero solo para la primera letra.

```
/*primera letra de los elementos p*/
p::first-letter { font-size:x-large }
```

Tipo de selector	Ejemplo	Descripción
Universal	*{ color: red }	Todos los elementos.
Por etiqueta	p{ color: red }	Todos los elementos *p*.
Por id	#principal{ color: red}	Elemento con id='principal'.
Por clase	.importante{ color: red}	Elementos con class='importante'.
Selector múltiple	p, h1, .importante { color: red }	Elementos p, h1 o con class='importante'.

Tipo de selector	Ejemplo	Descripción
Selector hijo	section>p{color: red}	Elementos p que sean hijos de un elemento *section*.
Selector descendente	section p{color: red}	Elementos p que estén dentro de un elemento *section*.
Selector adyacente	header + section	Elementos *section* adyacentes a un elemento *header*.
Selector de atributos	a[target="_blank"]	Vínculos que se abren en ventana nueva.

Tabla 4.1. Selectores básicos.

4.2.3. Herencia de estilos y aplicación en cascada

La herencia y la aplicación de estilos en cascada son conceptos básicos en el diseño web con CSS. Para muchas propiedades, el valor por defecto es el que tenga el elemento padre, de ahí el nombre de herencia. Por ejemplo, si fijamos el color del texto para el elemento *html:*

html { color : red }

todos los elementos contenidos dentro del mismo (es decir, toda la página) heredarán esa propiedad. También es posible forzar que se herede un atributo en los atributos que por defecto no se heredan usando el valor *inherit* (se puede aplicar a todas las propiedades CSS):

p { display : inherit }

Aplicación en cascada

Cuando varias reglas afectan al mismo elemento, se aplican una serie de normas de prioridad. La expresión "en cascada" hace referencia a la manera en que se aplican las reglas cuando hay varias posibilidades. En general, la regla más específica prevalece. Por ejemplo, si tenemos las reglas:

p { color : blue }
#enrojo { color : red }

El elemento:

```
<p id = "enrojo">Prioridad de las reglas</p>
```

es seleccionado por ambas. En este caso, se mostrará en rojo, pero a veces puede ser difícil saber qué regla prevalecerá.

Por defecto, las reglas definidas en una hoja de estilo de autor tienen preferencia sobre las de usuario, y estas a su vez sobre las del navegador. Para alterar este orden es posible marcar las declaraciones de las reglas de estilo como importantes. Entre reglas importantes, se invierte el orden.

```
/*esta regla se aplicará frente a otras más específicas*/
#enrojo { color:red !important }
```

El orden de prioridad es:

- Declaraciones importantes del navegador.
- Declaraciones importantes del usuario.
- Declaraciones importantes del autor.
- Declaraciones normales del autor.
- Declaraciones normales del usuario.
- Declaraciones normales del navegador.

Dentro de las hojas de estilo de autor, las reglas en línea (atributo *style*) tienen prioridad sobre las hojas de estilo internas (elemento *style*), y estas a su vez sobre las externas. Para ordenar las reglas de cada categoría, las reglas se ordenan de más a menos específicas. Se asigna a cada regla un número según los selectores que contenga. Para cada regla, hay que contar:

- El número de selectores por *id.* Llamaremos a ese número A.
- El número de selectores por clase, por atributos y por pseudoclase. Llamaremos a ese número B.
- El número de selectores por tipo de elemento y por pseudoelemento. Llamaremos a ese número C.

La prioridad de la regla (*specificity*) se obtiene concatenando los números A, B y C. Esto implica que las reglas con selector por *id* tienen preferencia respecto a los que no la tienen. La siguiente tabla muestra algunos ejemplos.

Regla	Prioridad
p { color: blue }	001
#enrojo { color: red }	100
.importante	010
p.importante	011
input[type='text']:focus{ font-size:x-large; }	021
p::first-letter{ font-size:x-large; }	002

Tabla 4.2. Prioridad de las reglas.

Por último, si tras aplicar todos los criterios, dos reglas tienen la misma prioridad, se aplica la última en declararse.

4.2.4. Formateado de páginas mediante estilos

En esta sección se explican las propiedades de estilo más habituales. Comenzaremos viendo algunas generales y luego veremos las propiedades específicas de los elementos HTML más habituales, como tablas y listas.

Unidades de medida

Muchas propiedades se refieren al tamaño de los elementos. En CSS es posible usar varias unidades de medida. Las más comunes son:

- Píxeles. La pantalla del ordenador está dividida en píxeles. El número de píxeles depende de la resolución de la pantalla y, por tanto, un diseño hecho en píxeles puede variar mucho al verlo en dos dispositivos diferentes. Por este motivo, es mejor no usarlo para especificar el tamaño de las fuentes o de las diversas secciones de la página. Se suele usar especificar el grosor de los bordes o las sombras de los elementos.

- Unidad *em*. Una unidad *em* equivale a la anchura de la letra *m* en la fuente actual del documento. Es una unidad muy útil para especificar tamaños de las fuentes. Se adapta a la fuente que esté usando el usuario y mantiene la proporción de tamaño entre diferentes elementos.

  Esta unidad tiene una particularidad. El valor se interpreta en relación al del elemento contenedor, como se puede ver en este ejemplo. La propiedad *font-size* establece el tamaño de la fuente.

```
<section style="font-size : 2em">
 Sección
 <p style="font-size : 2em">Hola</p>
</section>
```

Ejemplo 4.7. Unidades *em*.

Para el elemento *section* el tamaño de la fuente será 2 *em*, pero para el elemento *p* será 2 * 2 *em*= 4 *em*. El resultado en el navegador será:

Ilustración 4.2. Unidades *em*.

Para que el párrafo tuviera el mismo tamaño de letra que el elemento *section*, bastaría con quitar el atributo *style* del elemento *p*. En ese caso, *p* heredaría el tamaño de letra de *section*.

- Porcentajes. Permite expresar el tamaño de un elemento en función del de su elemento contenedor. Es la unidad más apropiada para dar tamaño a las secciones de la página si buscamos un diseño adaptable.

```
/*tamaño en píxeles*/
header {
   width : 100px;
   height : 60px;
}
/*unidades em*/
footer {
   width : 5em;
   height : 3em;
}
/*porcentajes*/
section {
   width : 80%;
   height : 20%;
}
```

Ejemplo 4.8. Unidades de medida.

Además de las tres unidades citadas, es posible usar otras. Las llamadas unidades absolutas se recomiendan solo en el diseño para impresión:

- Puntos (pt) y picas (pc). Unidades habituales en tipografía para el tamaño de la fuente.

- Pulgadas (in), centímetros (cm), milímetros (mm).

Propiedad *display*

Como ya hemos comentado anteriormente, los elementos de HTML pueden ser de línea o de bloque. Con la propiedad *display* se elige cómo se comportará el elemento.

```
/*los vínculos dentro del elemento nav serán de bloque*/
nav a{ display : block }
/*los elementos p serán de línea*/
p { display : inline }
/*el elemento con id oculto no se mostrará*/
#oculto { display : none }
```

Ejemplo 4.9. Propiedad *display*.

Estilo para las fuentes

Con la propiedad *font-family* se especifica el tipo de letra de la página. Podemos usar el nombre de una familia de fuentes, como *Helvetica* o *Verdana*, o un nombre de familia genérico (hay cinco: *serif*, *sans-serif*, *cursive*, *fantasy* y *monospace*). Como no todas las fuentes están disponibles en todos los sistemas, se recomienda especificar varias.

```
p{ font-family: "Times New Roman" sans-serif  }
```

El navegador usará la primera disponible de la lista. Es buena idea poner como último elemento el nombre de una familia genérica, para asegurarse de que el navegador tiene alguna de las indicadas.

La propiedad *font-size* permite establecer el tamaño de la fuente. Hay varias opciones:

- Mediante cualquiera de las unidades válidas en CSS. Lo más habitual es usar *em*.

- Tamaños predefinididos

    — Absolutos: *xx-small, x-small, small, medium, large, x-large, xx-large.*

— Relativos: *smaller, larger.* La fuente será menor o mayor que la del elemento padre.

```
p{ font-size: 4em; }
/*elementos con class='enGrande'*/
.enGrande{ font-size: xx-large }
```

La propiedad *font-weight* establece el grosor de la fuente. Se puede usar un número de 100 a 900 o una de las siguientes palabras: *normal, bold* (negrita), *bolder* (más grueso que negrita) o *lighter* (menos que normal). Un valor de 400 equivale a texto normal, y un valor de 700 a texto en negrita.

```
p{ font-weight: bold }
/* elementos con class='muyNegrita' */
.muyNegrita{ font-weight: 900 }
```

Propiedad	Valores posibles	Descripción
font-size	Unidad CSS Tamaño predefinido	Tamaño de la fuente.
font-weight	100, 200, 300, 400, 500, 600, 700, 800, 900, normal, bold, bolder, lighter,	Grosor de la fuente.
font-family	Nombre de familia o familia genérica	Familia de la fuente.
font-style	italic oblique normal	Muestra el texto en cursiva (*italic* u *oblique*).
font-variant	normal smallcaps	Muestra el texto en mayúsculas pequeñas.
font	\<font-style> \<font-variant> \<font-weight> \<font-size> \<font-family>	Propiedad resumen.

Tabla 4.3. Prioridades de estilo para las fuentes.

La propiedad *font-variant* solo ofrece el valor *smallcaps*, que sirve para mostrar el texto en mayúsculas pequeñas. Algunos diseñadores usan este efecto en las primeras líneas o palabras de un párrafo. Con *font-style* es posible hacer que el texto se muestre en cursiva con cualquiera de los dos valores posibles, *italic* y *oblique*.

```
p::first-line { font-variant: small-caps }
/* elementos con class='cursiva' */
.cursiva { font-weight: 900 }
```

Por último, con la propiedad resumen *font* es posible especificar todas las propiedades a la vez. Estas propiedades resumen son habituales en CSS, veremos más en las siguientes secciones.

```
P { font: bolder 4em "comic"}
```

Estilo para el texto

Además de la fuente, hay muchas propiedades relativas al texto. La propiedad *color* indica el color del texto. Se puede especificar el color con cualquiera de los formatos que vimos en el apartado 3.3.

```
header { color: lime }
section { color: #0000ff }
```

La propiedad *text-align* sirve para posicionar horizontalmente un texto. Admite los valores *left* (texto justificado a la izquierda), *right* (a la derecha), *justify* (izquierda y derecha) y *center* (centrado).

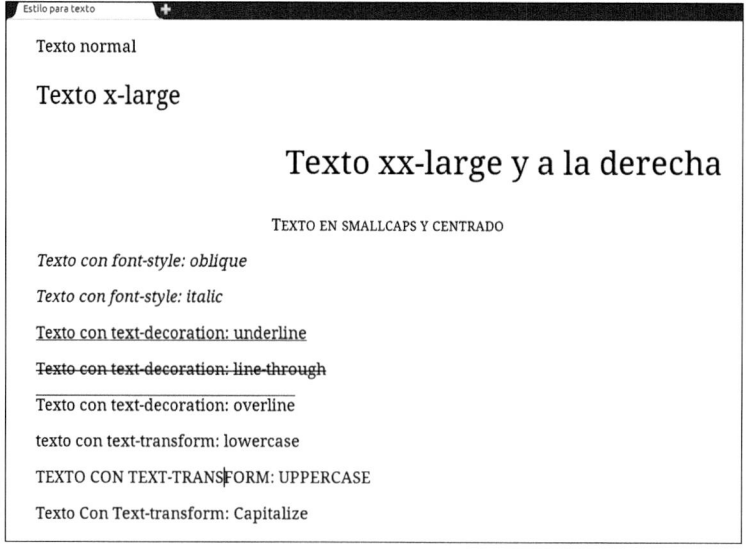

Ilustración 4.3. Propiedades para texto y fuente.

Con la propiedad *white-space* es posible determinar cómo se tratarán los espacios y los saltos de línea. Los valores posibles son:

- *normal*: el modo por defecto. Los espacios y saltos de línea se colapsan. Introduce saltos de línea para adaptar el texto al elemento contenedor.

- *pre*: equivalente al elemento *pre*. El texto se mostrará tal cual aparece en el documento, preservando espacios en blanco y saltos de línea. No adapta el texto al elemento contenedor.

- *nowrap*: como *normal,* pero no rompe las líneas aunque desborden el elemento contenedor.

- *pre-wrap*: preserva los espacios y los saltos de línea. Introduce saltos de línea para adaptar el texto al elemento contenedor.

- *pre-line*: colapsa los espacios en blanco, pero preserva saltos de línea. Introduce saltos de línea para adaptar el texto al elemento contenedor.

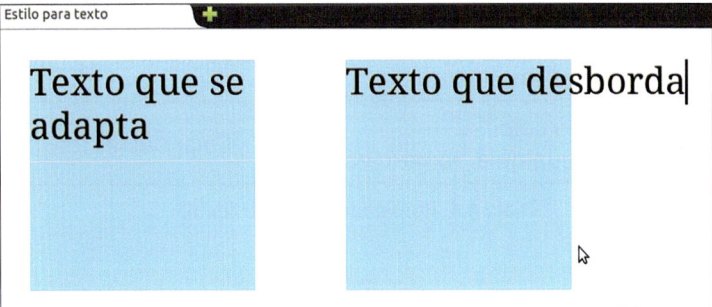

Ilustración 4.4. El texto puede adaptarse o no a su elemento contenedor.

La propiedad *text-decoration* ofrece tres posibilidades para decorar el texto: subrayarlo, tacharlo y añadir una línea por encima del texto (ilustración 4.3).

```
/*subrayado*/
p { text-decoration: underline }
/*tachado*/
p { text-decoration: line-through}
/*línea por encima*/
p { text-decoration: overline }
```

Ejemplo 4.10. Propiedad *text-decoration.*

La propiedad *text-transform* cambia las mayúsculas y minúsculas del texto. Es posible poner el texto en mayúsculas (*uppercase*), minúsculas (*lowercase*) o mayúsculas para la primera letra de cada palabra (*capitalize*).

```
/*muestra el texto subrayado*/
p { text-transform: uppercase }
```

Propiedad	Valores posibles	Descripción
text-align	right, left, center, justify	Posición horizontal del texto.
white-space	normal, pre, pre-line, nowrap, pre-wrap	Cómo tratar espacios en blanco y saltos de línea.
text-decoration	underline, overline, line-through, none	Decoración para el texto.
text-transform	uppercase, lowercase, capitalize, none	Muestra el texto en mayúsuclas/minúsuculas.
text-indent	Una longitud (normalmente em)	Indentado en la primera lína de texto.
word-spacing	Una longitud (normalmente em)	Espacio entre palabras.
color	Un color (cualquier fomato válido)	Color del texto.

Tabla 4.4. Propiedades para el texto.

Estilo para el fondo

La propiedad *background-color* se usa para establecer el color de fondo de un elemento. Usaremos cualquiera de las formas válidas para representar el color (ver apartado 3.3).

```
header { background-color: lime }
section { background-color: #0000ff }
```

Ejemplo 4.11. Color de fondo.

Con la propiedad *background-image* es posible usar una imagen como fondo del elemento. Si se usa una imagen, hay otras tres propiedades relevantes.

La propiedad *background-position* se utiliza para situar la imagen en relación al fondo. Normalmente, se utilizan dos valores, el primero para especificar la posición horizontal (*right, center, left*) y el segundo para la vertical (*top, center, bottom*). Si solo se indica un valor, se asume que el segundo es *center*. Además de estos valores también es posible usar otras unidades CSS. En el ejemplo 4.12 se muestran algunas posibilidades.

La propiedad *background-repeat* establece como repetir la imagen si esta es más pequeña que el fondo. Se puede elegir entre no repetir, repetir horizontalmente, verticalmente o en ambos sentidos. Con la propiedad *background-attachment* podemos fijar la imagen de fondo en su posición aunque el resto de la página se desplace.

Propiedad	Valores posibles	Descripción
background-color	Cualquier formato de color	Color de fondo.
background-image	Una URL, absoluta o relativa	La URL de la imagen.
background-position	posX posY posX: top, bottom, center posY:top, bottom, center	La posición de la imagen.
background-repeat	no-repeat, repeat-x, repeat-y, repeat	Si se repite la imagen y cómo.
background-attachment	scroll (se mueve con la página, por defecto) fixed (fijo)	Si la imagen se desplaza con el resto de la página.
background	\<color> \<background-image> \<background-repeat> \<background-attachment> \<background-position>	Propiedad resumen.

Tabla 4.5. Propiedades para el fondo.

La propiedad resumen *background* incluye todas las propiedades relacionadas con el fondo.

```
#imagenAbajo{ background: lime url('pezverde.png') no-repeat bottom right }
```

En el siguiente ejemplo se muestran varias opciones de fondo. Hay varios elementos *div,* cada uno con propiedades diferentes.

```
<!DOCTYPE html>
<html>
 <head>
  <meta charset='UTF-8'>
  <title>Estilo para fondo</title>
  <link rel="stylesheet" href="estiloFondo.css" media="all">
```

```
    </head>
    <body>
     <div id="color"></div>
     <div id="imagenCentrada"></div>
     <div id="imagenRepetida"></div>
     <div id="imagenHorizontal"></div>
     <div id="imagenVertical"></div>
     <div id="imagenAbajo"></div>
    </body>
   </html>
```

Ejemplo 4.12. HTML para el ejemplo de estilo para el fondo.

El fichero estiloFondo.css es el siguiente:

```
div {
   width:100px;
   height:100px;
   margin: 2em;
   background-color:white;
   float:left;
}
body { background-color: lightblue }
#color { background-color: lime }
#imagenCentrada {
   background-image: url('pezverde.png');
   background-position: center center;
   background-repeat:no-repeat;
}
#imagenRepetida { background-image: url('pezverde.png')     }
#imagenHorizontal {
   background-image: url('pezverde.png');
   background-position: bottom;
   background-repeat:repeat-x;
}
#imagenVertical {
   background-image: url('pezverde.png');
   background-position: top center;
```

```
    background-repeat:repeat-y;
}
#imagenAbajo {
    background: lime url('pezverde.png') no-repeat bottom right
}
```

Ejemplo 4.13. Estilo para el fondo.

Para colocar los *div* utiliza las propiedades *margin* y *float*, que veremos en la sección 2.4.5. El resultado es:

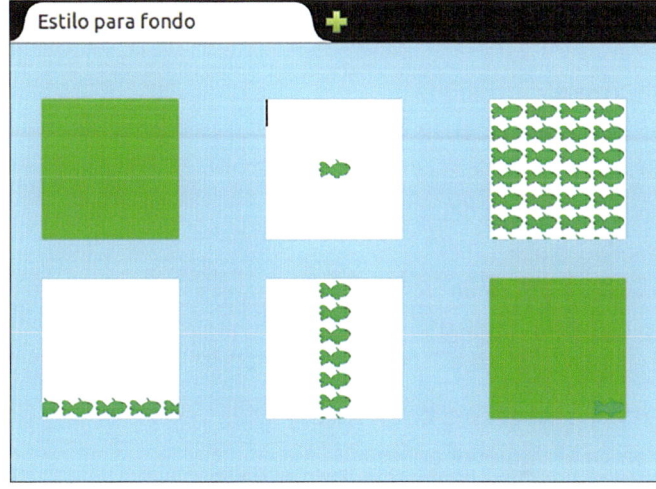

Ilustración 4.5. Estilo para el fondo.

Un efecto muy habitual para el fondo es el gradiente o degradado de color. Antes se conseguía por medio de imágenes o JavaScript, pero también es posible hacerlo con CSS3. Hay varios tipos de gradiente (vertical, horizontal, diagonal y radial) y la mayoría funcionan en las últimas versiones de los navegadores.

```
/* de arriba a abajo */
background: linear-gradient(yellow, white);
/* de izquierda a derecha */
background: linear-gradient(to right, yellow , blue);
/* de la esquina superior izquierda a la inferior derecha */
background: linear-gradient(to bottom right, yellow , blue)
/* pasando por más de un color */
background: linear-gradient(yellow, green, blue);
```

Ejemplo 4.14. Gradientes.

Estilo para vínculos

Es habitual que los vínculo se muestren de manera diferente según hayan sido visitados o no. Podemos diferenciar las reglas usando las pseudoclases *:link* para los vínculos no visitados y *:visited* para los visitados. Actualmente la funcionalidad de *:visited* está restringida en varios navegadores importantes (Firefox y Chrome entre otros) por cuestiones de seguridad y solo es posible modificar algunas propiedades.

En el ejemplo 4.15 se utilizan estas pseudoclases:

```
<!DOCTYPE html>
<html>
 <head>
  <meta charset='UTF-8'>
  <title>Estilo para vínculos</title>
  <style>
   /*para mostrar uno debajo de otro*/
   a { display: block }
   /*no visitados*/
   a:link { background-color: lightblue }
   /*visitados*/
   a:visited { background-color: white }
   /* al pasar el ratón por encima*/
   a:hover {
     font-size: 2em;
     text-decoration: none;
   }
  </style>
 </head>
 <body>
  <a href="http://www.w3.org">W3C (sin visitar)</a>
  <a href="http://www.w3.org/TR">W3C (visitado)</a>
  <a href="http://www.w3.org">W3C (hover)</a>
 </body>
</html>
```

Ejemplo 4.15. Pseudoclases para vínculos.

Si el primer vínculo no está visitado pero el segundo sí, el resultado en el navegador será:

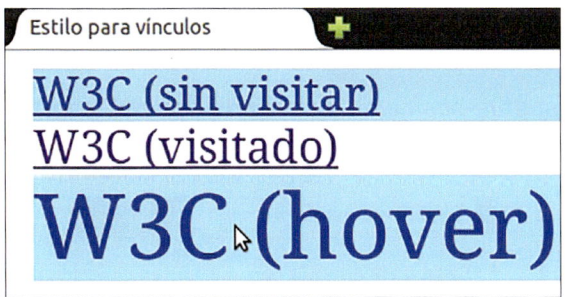

Ilustración 4.6. Estilo para vínculos.

Estilo para listas

Propiedad	Valores posibles	Descripción
list-style-image	Una URL, relativa o absoluta	La URL de la imagen que se usará como marcador.
list-style-position	inside outside (valor por defecto)	Posición del marcador.
list-style-type	No ordenadas: disc, square, circle Ordenadas: decimal, lower-roman, lower-alpha...	Tipo de marcador.
list-style	<list-style-type> <list-style-position> <list-style-image >	Propiedad resumen.

Tabla 4.6. Resumen de propiedades para listas.

Hay tres propiedades específicas para las listas y una propiedad resumen.

La propiedad *list-style-image* sirve para poner una imagen como marcador de la lista.

```
li { list-style-image: url("imagen.jpg") }
```

La propiedad *list-style-type* permite elegir el estilo del marcador entre muchas opciones disponibles.

- Marcadores sin orden: *square, disc, circle*.

- Marcadores numéricos: *decimal, decimal-leading-zero, lower-roman* (número romanos en minúscula), *upper-roman* (número romanos en mayúscula).

- Marcadores alfabéticos: *lower-greek, lower-latin, upper-latin, armenian, georgian, lower-alpha, upper-alpha.*

La propiedad *list-stye-position* indica la posición del marcador respecto del texto. Puede tomar los valores *inside* o *outside* (por defecto).

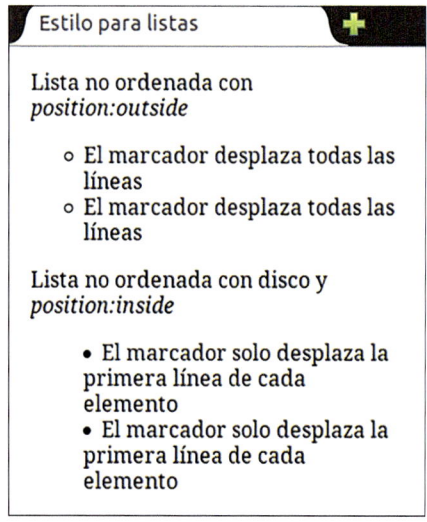

Ilustración 4.7. Propiedad *list-stye-position.*

También existe una propiedad resumen, *list-style*, que incluye las tres propiedades anteriores. Si se especifican imagen y marcador, prevalece la imagen. Si la imagen no está disponible, muestra el marcador.

```html
<!DOCTYPE html>
<html>
 <head>
  <meta charset='UTF-8'>
  <title>Estilo para listas</title>
  <style>
   #conPez{ list-style-image: url("pezverde.png") }
   #conCirculo{ list-style-type: circle }
   #katakana{ list-style-type: katakana }
   #decimal{ list-style-type:decimal-leading-zero;}
   #conResumen{ list-style: square inside url("noDisponible.png") }
  </style>
 </head>
 <body>
  <p >Lista no ordenada con imagen</p>
  <ul id="conPez">
   <li>Patatas</li>
```

```
  <li>Peras</li>
</ul>
<p >Lista no ordenada con círculo</p>
<ul id="conCirculo">
 <li>Patatas</li>
 <li>Peras</li>
</ul>
<p>Listas ordenadas. Marcador decimal con ceros por delante</p>
<ol id="decimal">
 <li>Peras</li>
 <li>Manzanas</li>
</ol>
<p>Katakana (japonés)</p>
<ol id="katakana" reversed>
 <li>Peras</li>
 <li>Manzanas</li>
</ol>
<p >Lista con propiedad resumen. Si la imagen no está disponible
mostrará un cuadrado como marcador</p>
  <ul id="conResumen">
   <li>Patatas</li>
   <li>Peras</li>
  </ul>
 </body>
</html>
```

Ejemplo 4.16. Estilo para listas.

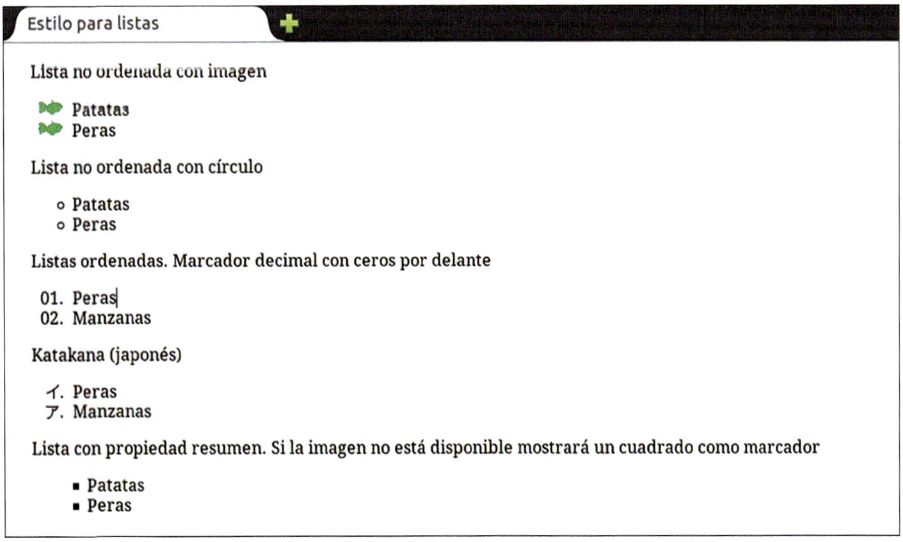

Ilustración 4.8. Estilo para listas.

Estilo para tablas

Partiremos de una tabla base e iremos aplicando diferente reglas de estilo.

```
<table>
 <caption>Tabla de películas y directores</caption>
 <tr>
  <th>Película</th>
  <th>Director</th>
  <th>País</th>
  <th>Año</th>
 </tr>
 <tr>
  <td>Los otros</td>
  <td>Alejandro Amenábar</td>
  <td>España</td>
  <td>2001</td>
 </tr>
 <tr>
  <td>Los pájaros</td>
  <td>Alfred Hitchcock</td>
  <td>USA</td>
  <td>1963</td>
 </tr>
 <tr>
  <td>Amanece, que no es poco</td>
  <td>José Luis Cuerda</td>
  <td>España</td>
  <td>1988</td>
 </tr>
</table>
```

Ejemplo 4.17. Tabla básica para los ejemplo de estilo.

Las tablas suelen mostrarse con algunos bordes.

```
table, td, th { border: black solid 1px }
```

Ejemplo 4.18. Estilo para bordes básicos.

Las propiedades relacionadas con los bordes se tratan en detalle en la sección 4.2.5, al describir el modelo de cajas.

Tablas	✚

Tabla de películas y directores

Película	Director	País	Año
Los otros	Alejandro Amenábar	España	2001
Los pájaros	Alfred Hitchcock	USA	1963
Amanece, que no es poco	José Luis Cuerda	España	1988

Ilustración 4.9. Tabla con bordes.

Para mejorar el aspecto de la tabla, es habitual que los bordes colapsen usando la propiedad *border-collapse*. En el siguiente ejemplo, además hay reglas para fijar el ancho de las columnas, centrar el texto y añadir un espacio de relleno dentro de las celdas.

```
table, td, th {
  border: black solid 1px;
  border-collapse: collapse;
}
/* como hay cuatro columnas, cada parte tendrá de ancho la cuarta parte que la tabla */
td, th {
  width: 25%;
  /* un poco de relleno para que se lea mejor el texto */
  padding: 1em;
  text-align: center;
}
```

Ejemplo 4.19. Estilo mejorado para tablas.

Tablas con text-align y pa... ✚			

Tabla de películas y directores

Película	Director	País	Año
Los otros	Alejandro Amenábar	España	2001
Los pájaros	Alfred Hitchcock	USA	1963
Amanece, que no es poco	José Luis Cuerda	España	1988

Ilustración 4.10. Tabla con bordes colapsados, *padding* y *text-align*.

Finalmente, podemos dar un color de fondo alternante, que mejora la legibilidad y cambia la posición del elemento *caption* añadiendo estas reglas al ejemplo anterior:

```
table { caption-side: bottom }
tr:nth-child(odd) { background-color: yellow }
tr:nth-child(even) { background-color: lightblue }
```

Ejemplo 4.20. Estilo para fondo alternante.

El resultado será:

Tablas con text-align, pad... ✚			
Película	**Director**	**País**	**Año**
Los otros	Alejandro Amenábar	España	2001
Los pájaros	Alfred Hitchcock	USA	1963
Amanece, que no es poco	José Luis Cuerda	España	1988

Tabla de películas y directores

Ilustración 4.11. Tabla con fondo alternante y *caption*.

Transformaciones

Las transformaciones en dos dimensiones permiten desplazar, rotar, escalar o torcer un elemento. En todos los casos se utiliza la propiedad *transform*. El valor de la misma depende de la transformación que se quiera aplicar. La tabla 4.7 resume las funciones de transformación disponibles.

Función	Descripción
translate (dx, dy) translateX (dx) translateY (dy)	Desplaza el elemento en las dos dimensiones. Desplaza el elemento horizontalmente. Desplaza el elemento verticalmente. Se utilizan las unidades habituales de CSS.
scale(fh, fv) scaleX(f) scaleY(f)	Multiplica las dos dimensiones del elemento por los factores. Multiplica la anchura (propiedad width). Multiplica la altura (propiedad height).
rotate (angulo)	Rota el elemento. Unidades en grados, deg, o radianes, rad.
skew(sx, sy) skewX(sx) skewY(sy)	Tuerce el elemento en los dos ejes. Tuerce el elemento en el eje horizontal. Tuerce el elemento en el eje vertical.

Función	Descripción
matrix(n1, n2, n3, n4, n5, n6)	Utiliza una matriz de transformación con seis números.

Tabla 4.7. Funciones de transformación en dos dimensiones.

En el siguiente ejemplo se utilizan las funciones de transformación *rotate, translate, scale* y *skew* sobre una imagen.

```
<!DOCTYPE html>
<html>
      <head>
            <meta charset='UTF-8'>
            <title>Transformaciones CSS</title>
            <style>
                    .rot45 { transform: rotate(45deg) }
                    .movido { transform: translate(1em, 1em) }
                    .ampliado { transform: scale(1.5, 1.5) }
                    .torcido { transform: skew(20deg, 30deg) }
            </style>
      </head>
      <body>
            <img class = 'rot45' src = 'pezverde.png' alt = "Pez verde rotado
              45 grados">
            <img class = 'movido' src = 'pezverde.png' alt = "Pez verde
              desplazado">
            <img class = 'ampliado' src = 'pezverde.png' alt = "Pez verde
              ampliado">
            <img class = 'torcido' src = 'pezverde.png' alt = "Pez verde torcido">
      </body>
</html>
```

Ejemplo 4.21. Transformaciones en dos dimensiones.

Ilustración 4.12. Transformaciones en dos dimensiones.

Transiciones

Las transiciones permiten un cambio gradual entre las propiedades CSS. Por ejemplo, si al pasar el ratón sobre un elemento este cambia de tamaño, con una transición el tamaño no cambia inmediatamente, lo hace progresivamente a lo largo del periodo de tiempo que se indique.

Para crear una transición se suele utilizar la propiedad resumen *transition,* que permite especificar todas las propiedades en una sola línea. El resto de propiedades son:

- *transition-property:* la propiedad afectada.
- *transtion-duration:* la duración de la transición.
- *transition-timing-function:* para controlar la manera en la que se desarrolla la transición. Los posibles valores son *ease, ease-in, ease-out, ease-in-out* y *cubic-bezier().*
- *transition-delay:* el tiempo que transcurre hasta que comienza la transición.

Lo más habitual es especificar solo la propiedad o propiedades afectadas y la duración. Por ejemplo, esta regla hace que, cuando el tamaño de la fuente de un párrafo cambia, el efecto dure dos segundos.

```
p { transition: font-size 2s }
```

La sintaxis para usar las cuatro propiedades es:

```
transition: <transition-property> <transtion-duration> <transition-timing-function> <transition-delay>
```

En el siguiente ejemplo se utilizan dos transiciones. Hay un párrafo y una imagen, ambos cambian cuando el ratón pasa por encima de ellos *(:hover)*. En el caso del párrafo, la fuente se hace más grande. En el de la imagen, se aplica una transformación para rotarla 45 grados. Además de estas reglas, a los elementos *p* e *img* se les añade la propiedad *transition* correspondiente para que el efecto dure dos segundos.

```
<!DOCTYPE html>
<html>
    <head>
        <meta charset='UTF-8'>
        <title>TransicionesCSS</title>
        <style>
            p:hover { font-size: xx-large; }
            p { transition: font-size 2s; }
            img:hover { transform: rotate(45deg) ;}
            img { transition: transform 2s ; }
        </style>
    </head>
    <body>
        <div>
            <p class = "cambia">Texto</p>
            <img src = 'pezverde.png' alt = "Pez verde que rota 45 grados">
        </div>
    </body>
</html>
```

Ejemplo 4.22. Transciones CSS.

Animaciones

Las transiciones permiten el cambio progresivo entre dos valores de una propiedad, aunque no permiten especificar los valores entre los que se produce el cambio y las posibilidades para configurarlo son limitadas.

Con las animaciones se puede variar el valor de una o varias propiedades CSS a lo largo del tiempo. Una animación está compuesta de varios *keyframes,* cada uno de los pasos de la animación, en los que se definen los valores que van tomando las propiedades animadas.

Para crear una animación lo primero es definir un elemento *@keyframes,* con un nombre y una serie de pasos. Cada paso consiste en un porcentaje y una (o más) propiedades con un valor. El porcentaje indica el momento de la animación en el que la propiedad alcanza el valor.

Por ejemplo, para conseguir un efecto de texto parpadeante se puede usar una animación sobre la opacidad del elemento, la propiedad *opacity.* Esta propiedad está entre 0, valor para el que el elemento no se ve, y 1, valor para el que se ve normalmente.

El *@keyframes* correspondiente se definiría como sigue. Hay que darle un nombre, en este caso es "pasos":

```
@keyframes pasos {
        0% { opacity: 0}
        50% { opacity: 0.5 }
        100% { opacity: 1 }
}
```

Una vez definidos los pasos de la animación, se asocia a uno o más elementos mediante una regla CSS. Es aquí donde se define el resto de propiedades de la animación. La siguiente regla asocia la animación anterior a los elementos con clase (atributo *class*) 'parpadeo'.

```
.parpadeo {
        animation-name: pasos;
        animation-duration: 1s;
        animation-iteration-count: infinite;
        animation-timing-function: ease-in-out;
}
```

Especifica que el ciclo durará un segundo y se repetirá indefinidamente. Se ha escogido el valor *ease-in-out en animation-timing-function* porque es el que hace un mejor efecto de parpadeo. De esta manera, la animación empieza despacio y acaba más rápido.

Una vez definida esta regla, todo los elementos con clase 'parpadeo' se verán o no de manera intermitente.

En el ejemplo 4.23 se utiliza esta animación, junto con otra para conseguir un el efecto de marquesina, en el que un texto se desplaza horizontalmente por la pantalla. En este caso, la propiedad animada es *left,* que define la posición en la que se sitúa un elemento en el eje horizontal. Al pasar de 0 % a 100 % el elemento se mueve desde la izquierda de la página hasta el extremo derecho, desapareciendo. Para que funcione correctamente es necesario usar el modo de posicionamiento *relative.* Este tema se trata en el apartado siguiente.

```
<!DOCTYPE html>
<html>
  <head>
```

```html
<meta charset='UTF-8'>
<title>Animaciones CSS</title>
<style>
        @keyframes pasos {
                0% { opacity: 0}
                50% { opacity: 0.5 }
                100% { opacity: 1 }
        }
        .parpadeo {
                animation-name: pasos;
                animation-duration: 1s;
                animation-iteration-count: infinite;
                animation-timing-function: ease-in-out;
        }
        @keyframes movimiento {
                0% { left: 0% }
                100% { left: 100% }
        }
        .marquesina {
                position:relative;
                animation-name: movimiento;
                animation-duration: 6s;
                animation-iteration-count: infinite;
        }
    </style>
</head>
<body>
    <div>
        <p class = "parpadeo">Texto parpadeante</p>
        <p class = "marquesina">Marquesina</p>
    </div>
</body>
</html>
```

Ejemplo 4.23. Animaciones CSS.

Propiedad	Descripción
animation	Propiedad resumen.
@keyframes	Los pasos de la animación.
animation-delay	Retraso para iniciar la animación.
animation-direction	El sentido de reproducción de la animación. Los valores posibles son *normal, reverse, alternate* y *alternate-reverse.*
animation-duration	Tiempo para comenzar un ciclo.
animation-fill-mode	Define el estilo de los elementos antes y después de la animación. Posibles valores: *none, forwards, backwards, both.*
animation-iteration-count	Número de veces que hay que repetir la animación. Se puede usar 'infinite' para que se repita sin fin.
animation-name	Debe contener el nombre de un elmento @keyframes.
animation-play-state	Para indicar si la animación está ejecutándose. Posibles valores: *paused, running.*
animation-timing-function	Para controlar el ritmo con el que se desarrolla la animación. Los posibles valores son *ease, ease-in, ease-out, ease-in-out, step-start, step-end, steps()* y *cubic-bezier().*

Tabla 4.8. Atributos la propiedad *animation.*

La sintaxis completa para usar la propiedad resumen es:

```
animation: <animation-name> <animation-duration> <animation-timing-function>
         <animation-delay> <animation-iteration-count> <animation-direction>
         <animation-fill-mode> <animation-play-state>
```

Propiedad *content*

La propiedad *content* permite modificar el contenido de un elemento. Se suele usar en combinación con los pseudoelementos *::before* y *::after,* que sirven para crear un elemento como primer o último hijo, respectivamente, del elemento seleccionado. Normalmente se utilizan para añadir algún elemento visual.

En el siguiente ejemplo se utilizan para añadir el mensaje "Pulsa para abrir" detrás de los vínculos de una lista.

```
<!doctype html>
<html>
  <head>
    <title>Pseudoelemento ::after</title>
    <style>
      li::after {
        content: " Pulsa para abrir"
      }
    </style>
  </head>
  <body>
    <ul>
      <li><a href = "#">Primer vínculo</a></li>
      <li><a href = "#">Segundo vínculo</a></li>
    </ul>
  </body>
</html>
```

Ejemplo 4.24. Propiedad *content*.

El resultado es el siguiente:

- Primer vínculo Pulsa para abrir
- Segundo vínculo Pulsa para abrir

Ilustración 4.13. Propiedad *content*.

En el siguiente ejemplo se utiliza la propiedad *content* para crear el efecto de un icono de flecha. Con *content* se añade un espacio, el carácter ' '. A este elemento se le da ancho y alto cero, pero configurando los bordes se consigue el efecto deseado.

El fichero HTML es muy sencillo, solo contiene una lista con dos elementos. Dentro de cada uno, además de texto, hay un elemento *span* que empieza oculto.

```
<!DOCTYPE html>
<html>
    <head>
            <meta charset="UTF-8" />
            <title>Flecha con content</title>
            <link rel="stylesheet" href="flecha_css.css">
    </head>
    <body>
            <ul>
                    <li>Patatas<span> Primero de la lista</span></li>
                    <li>Frutas<span> Segundo de la lista</span></li>
            </ul>
    </body>
</html>
```

Ejemplo 4.25. Propiedad *content*.

Al pasar el ratón por un elemento, el elemento *span* se hace visible y se añade un icono de flecha a su izquierda. Además, el color de fondo del nuevo mensaje cambia de blanco a verde a lo largo de dos segundos, con una transición.

```
li {
        transition: background-color 1s ease-out;
}
span {
        /* empieza oculto*/
        visibility:hidden;
        background-color:#6FF531;
        /* los bordes redondeados solo se aprecian antes de que el color
         de fondo de la fila cambie del todo */
        border-radius: 0.5em;
        position: relative;
        left: 2em;
}
/* el elemento cambia de color al pasar el raton por encima*/
li:hover {
        background-color:#6FF531;
}
```

```
/* selector: los span contenidos en un li sobre el que está pasando el ra-
tón */
li:hover span {
    visibility: visible;
}
/* añade un espacio en blanco y lo coloca a la izquierda */
li:hover span:before {
    content: " ";
    position: absolute;
    left: -1em;
    /* esto hace el triangulo, la forma y borde del espacio*/
    width: 0;
    height: 0;
    border-width: 0.5em 0.75em 0.º15em 0;
    border-style: solid;
    border-color: transparent #43CC04 transparent transparent;

}
```

Ejemplo 4.26. Propiedad *content*.

El resultado es el siguiente:

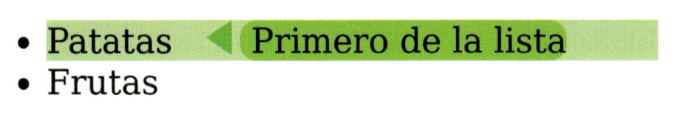

Ilustración 4.14. Flecha con CSS.

Contadores

Una característica avanzada de CSS es la posibilidad de crear contadores. Se pueden usar para presentar contenido siguiendo una numeración, aunque no aparezcan números en el HTML.

Los contadores se utilizan con las propiedades:

- *counter-reset:* para crear un contador. Hay que indicar el nombre.

- *counter-increment:* para incrementar el valor del contador. Hay que indicar el nombre.

- *counter(nombre):* para mostrar el valor de un contador.

Como ejemplo sencillo, vamos a ver cómo añadir un número con fondo rojo a los elementos de una lista. Utilizamos un fichero HTML con una lista sencilla.

```html
<!DOCTYPE html>
<html>
        <head>
                <meta charset="UTF-8" />
                <title>Lista con números en un círculo</title>
                <link rel="stylesheet" href="listaconnumerosenuncirculo.css"/>
        </head>
        <body>
                <h2>Cosas por hacer</h2>
                <ul>
                        <li>Comprar pan</li>
                        <li>Limpiar</li>
                        <li>Llamar a Carlos</li>
                </ul>
        </body>
</html>
```

Ejemplo 4.27. Página para probar los contadores en CSS.

En el fichero CSS:

- La primera regla, asociada a la lista (elemento *ul*), crea un contador, con nombre *lista*. Además, elimina el estilo de la lista para que no se solape con el del ejemplo.

- Con cada elemento *li* se incrementa este contador.

- Antes de cada elemento *li* se añade, con *content* y *counter,* el valor del contador. Se añaden reglas de estilo para que tenga fondo rojo y forma redonda.

```css
/*como solo hay una lista en la pagina, los selectores son muy sencillos*/
/*incializar la lista, que se llamara lista*/
ul {
        counter-reset: lista;
        list-style-type: none;
}
/* cada elemento li incrementa lista */
li {
```

```
        counter-increment: lista;
        display:block;
}
/*se inserta el numero de lista ante de cada elemento*/
li:before {
        content: counter(lista);
        /*va ser un elemento cuadrado con los borde redondeados*/
        float: left;
        width: 1.2em;
        height: 1.2em;
        border-radius: .6em;
        background-color: red;
        /*centrar el numero*/
        text-align:center;
}
```

Ejemplo 4.28. Contadores CSS.

El resultado es el siguiente:

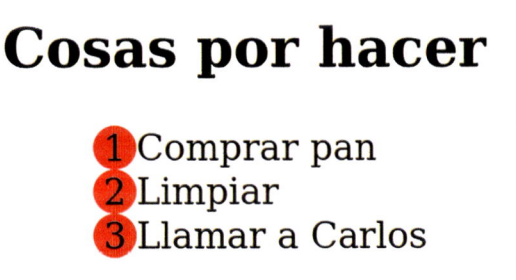

Ilustración 4.15. Contadores CSS.

CSS y SVG

Como ya se ha comentado, la mayoría de los navegadores permite incluir gráficos SVG dentro del HTML. Los elementos de SVG tienen propiedades comunes con CSS y en muchos casos es posible utilizar hojas de estilo para modificarlos.

En el siguiente ejemplo, hay un elemento *svg* que contiene un rectángulo, el elemento *rect,* con una achura inicial de 300 píxeles. Con las reglas CSS, al pasar el ratón por encima del rectángulo, su anchura crece hasta los 900 píxeles en un intervalo de dos segundos.

```
<!doctype html>
<html>
       <head>
              <style>
                     rect:hover{width:900px}
                     rect {transition: width 2s}
              </style>
       </head>
       <body>
              <svg width="500px" height="210px">
                     <rect width="300px" height="100px"
                        style="fill: lightgreen" />
              </svg>
       </body>
</html>
```

Ejemplo 4.29. CSS y SVG.

4.2.5. Estructura de páginas mediante estilos

El modelo de cajas

El modelo de cajas define cómo se muestran los elementos en la pantalla. Cada elemento HTML, ya sea de línea o de bloque, se representa dentro de una caja. El aspecto básico de una caja viene definido por su anchura, altura, margen, relleno, borde y margen. Las propiedades *width* y *height* son el ancho y el alto de la caja, respectivamente.

El relleno (*padding*) es el espacio que va desde el contenido hasta el borde de la caja. Tiene el mismo fondo que la caja. Se puede distinguir ente la parte superior (*padding-top*), inferior (*padding-bottom*), izquierda (*padding-left*) y derecha (*padding-right*). También hay una propiedad resumen, *padding*.

```
header { padding: 1em }
section {
       padding-right: 0.5em;
       padding-left: 1em;
       padding-bottom: 1.5em;
       padding-top: 2em;
}
```

Ejemplo 4.30. Propiedad *padding*.

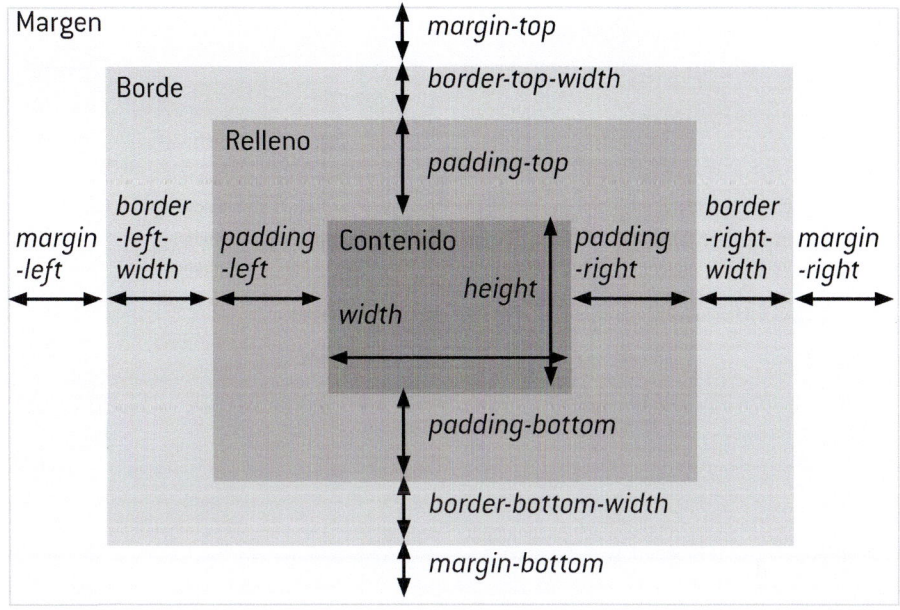

Ilustración 4.16. Modelo de cajas.

El borde rodea la caja y el relleno. Es posible cambiar tamaño, color y estilo, además de distinguir entre los cuatro lados. Para especificar el ancho del borde, tenemos las propiedades *border-top-width, border-bottom-width, border-left-width, border-right-width* y la propiedad resumen *border-width*. Se puede escoger entre varios estilos de borde con *border-top-style, border-bottom-style, border-left-style, border-right-style* y la propiedad resumen *border-style*.

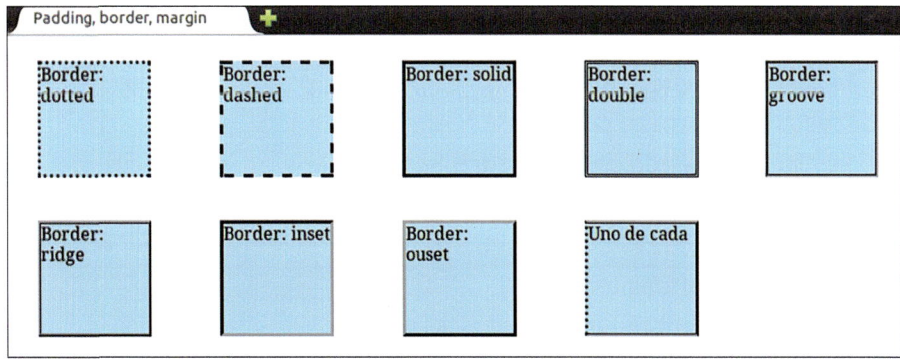

lustración 4.17. Estilos de borde.

Para el color, *border-top-color, border-bottom-color, border-left-color, border-right-color* y la propiedad resumen *border-color*. Existe también una propiedad resumen *border* que resume todas las anteriores.

```
nav { border: 1px dotted black }
```

Ejemplo 4.31. Propiedad *border*.

El margen es el espacio que deja la caja con los elementos adyacentes. En principio, el margen es transparente, y el fondo será el del elemento contenedor de la caja. También se puede distinguir entre los cuatro lados.

```
header { margin: 1em }
section {
        margin -right: 0.5em;
        margin -left: 1em;
        margin -bottom: 1.5em;
        margin -top: 2em;
}
```

Ejemplo 4.32. Propiedad *margin*.

El tamaño de relleno, borde y margen se añaden al ancho y al alto de la caja.

Estilo avanzado para las cajas

- Bordes redondeados. Hay una propiedad para cada una de las esquinas y una propiedad resumen: *border-top-left-radius, border-top-right-radius, border-bottom-right-radius, border-bottom-left-radius* y *border-radius*. Cuanto mayor sea el radio, más redondeada será la esquina. Se puede ver el efecto en la ilustración 4.22.

```
/*todas las esquinas igual*/
header { border-radius: 1em }
/*esquinas con radio diferente*/
section { border-radius: 1em 2em 0.5em 1em }
/*solo las esquinas superiores*/
footer {
  border-top-left-radius: 1em;
  border-top-right-radius: 1em;
}
```

Ejemplo 4.33. Propiedad *border-radius* (esquinas redondeadas).

- Sombras. Se puede añadir sombra a las cajas con la propiedad *box-shadow*. La sintaxis es la siguiente:

```
box-shadow: <distanciaX> <distanciay> <difuminado> <tamaño>
<color> <inset>
```

Solo los dos primeros valores son obligatorios. El valor *inset* sirve para que la sombra esté dentro del elemento en vez de fuera.

```
section { box-shadow: 10px 10px }
header { box-shadow: 10px 10px 5px 5px black}
footer { box-shadow: 10px 10px inset}
```

Ejemplo **4.34**. Propiedad *box-shadow*.

Se puede ver el efecto en la ilustración 4.22.

Modos de posicionamiento

La posición que ocupa un elemento en la pantalla depende, entre otras cosas, de su modo de posicionamiento. Hay cinco: estático, relativo, absoluto, fijo y flotante. El modo de posicionamiento se elige con las propiedades *position* y *float*. Según el modo de posicionamiento que usemos, también pueden ser útiles las propiedades *right*, *left*, *top* y *bottom*.

El *posicionamiento estático* o *normal* es el modo por defecto. El navegador va mostrando los elementos en el orden en que aparecen en el fichero. Cuando se trata de un elemento de bloque, se introduce un salto de línea antes y después del mismo. Los elementos de línea se muestran uno al lado del otro mientras quepan en el elemento contenedor. En este modo de posicionamiento las propiedades *top, bottom, right* y *left* se ignoran.

Para los ejemplos sobre los modos de posicionamiento estático, relativo y absoluto, usaremos esta sencilla página web básica.

```
<!DOCTYPE html>
<html>
 <head>
  <title>Posicionamiento estático</title>
  <meta charset='UTF-8'>
  <style>
   header, footer, section {
      padding: 3em;
      height: 3em;
```

```
      border: 1px solid black;
    }
    header, footer { background-color: lightgreen }
    section { background-color: lightblue }
  </style>
</head>
<body>
  <header>Cabecera</header>
  <section>Contenido principal</section>
  <footer>Pie de página</footer>
</body>
</html>
```

Ejemplo 4.35. HTML básico para los ejemplos de posicionamiento.

Se puede ver el resultado en la ilustración 4.17.

El *posicionamiento relativo* permite desplazar a los elementos en relación a la posición que tendrían en el modo estático. El desplazamiento se indica con las propiedades *right*, *left*, *top* y *bottom*. Los demás elementos ignoran este desplazamiento y se posicionan como si el elemento estuviera en la posición normal, así que se pueden producir solapamientos.

Por ejemplo, la regla:

```
section {
    position: relative;
    background-color: lightblue;
    top: 2em;
    left: 3em;
}
```

Ejemplo 4.36. Posicionamiento relativo.

posiciona el elemento con *id cabecera 2em* más abajo y *3em* más a la derecha de lo que estaría con posicionamiento normal. En la siguiente ilustración se comparan los dos estilos posicionamiento.

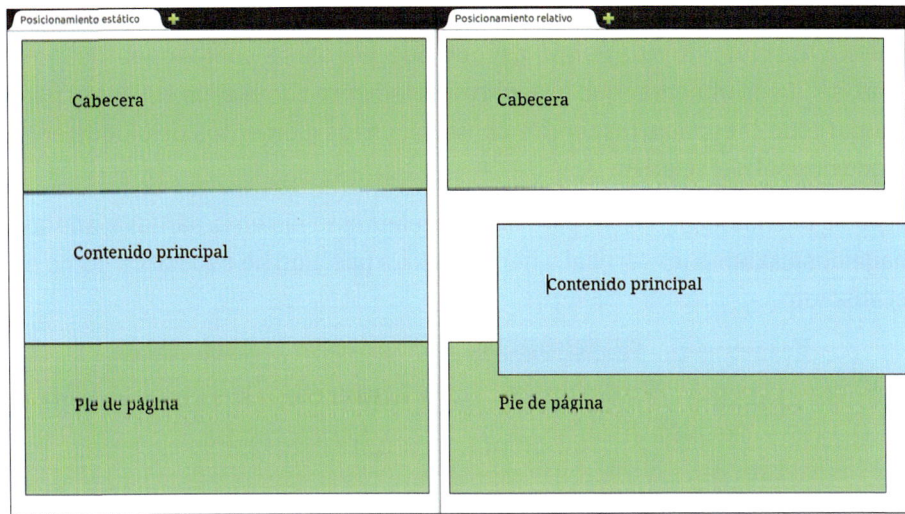

Ilustración 4.17. Posicionamientos estático y relativo.

Con el modo absoluto se especifica la posición del elemento en relación a otro elemento. En general, es en relación al primer antecesor con posicionamiento no estático. En el ejemplo que sigue, es en relación al elemento *body*. Si cambiamos la regla del ejemplo anterior por esta:

```
section {
    background-color: lightblue;
    position: absolute;
    top: 16em;
    left: 3em;
}
```

Ejemplo 4.37. Posicionamiento absoluto.

el resultado será:

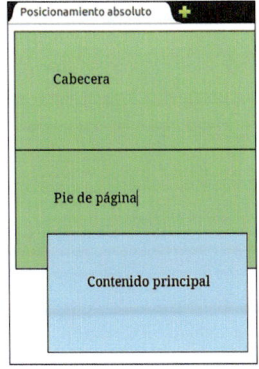

Ilustración 4.18. Posicionamientos absoluto.

Los demás elementos se posicionan como si los elementos con posicionamiento absoluto no existieran, así que pueden darse solapamientos. Además, se puede observar que el ancho del elemento cambia, no se ajusta para ocupar todo el espacio disponible como hacen los elementos de bloque en el modo normal o el relativo.

El *posicionamiento fijo* sirve para dejar un elemento fijo en la pantalla, aunque haya desplazamiento vertical u horizontal. La posición se especifica como en el absoluto.

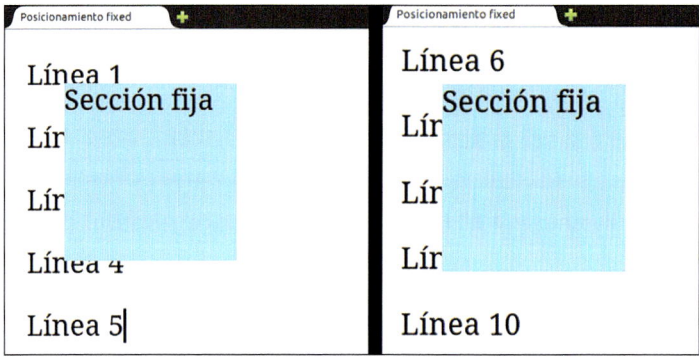

Ilustración 4.19. Posicionamiento *fixed*.

El último tipo de posicionamiento es el *flotante*. En este caso se usa la propiedad *float*. Los valores posibles son *rigth*, *left* y *none*. Los elementos flotantes se desplazan hacia la izquierda o la derecha. El resto de elementos se sitúan alrededor de ellos a no ser que se utilice la propiedad *clear*.

```
<!DOCTYPE html>
<html>
        <head>
                <title>Posicionamiento flotante</title>
                <meta charset='UTF-8'>
                <style>
                section { height: 6em; padding: 1em ; border: 1px solid black;}
                div { height: 3em; background-color:lime }
                .flotIzq { float: left }
                .flotDer { float: right }
                .conClear{ clear:both }
                </style>
        </head>
        <body>
                <section>
```

```
                    <div class="flotIzq"> Elemento flotado a la izquierda</div>
                    </p>Texto alrededor del elemento flotado </p>
            </section>
            <section>
                    <div class="flotDer"> Elemento flotado a la derecha</div>
                    <p>Texto alrededor del elemento flotado</p>
            </section>
            <section>
                    <div class="flotIzq"> Elemento flotado a la izquierda</div>
                    <div class="flotDer"> Elemento flotado a la derecha</div>
                    <p>Texto alrededor de los elementos flotados</p>
            </section>
            <section>
                    <div class="flotIzq"> Elemento flotado a la izquierda</div>
                    <p class="conClear">Texto con clear</p>
            </section>
        </body>
</html>
```

Ejemplo 4.38. Posicionamiento flotante.

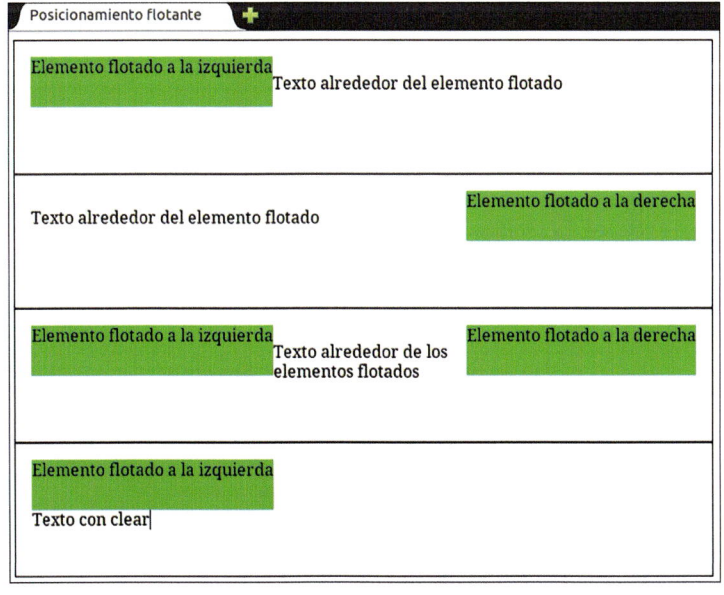

Ilustración 4.20. Posicionamiento flotante.

Si hay varios elementos flotantes seguidos, se colocarán uno detrás de otro mientras haya espacio en el elemento contenedor.

```
<!DOCTYPE html>
<html>
 <head>
  <title>Posicionamiento flotante</title>
  <meta charset='UTF-8'>
  <style>
   section {
     float:left;
     height: 6em;
     width: 4em;
     padding: 1em;
     border: 1px solid black;
   }
  </style>
 </head>
 <body>
  <section><p>Elemento flotado a la izquierda</p></section>
  <section><p>Elemento flotado a la izquierda</p></section>
  <section><p>Elemento flotado a la izquierda</p></section>
  <section><p>Elemento flotado a la izquierda</p></section>
 </body>
</html>
```

Ejemplo 4.39. Varios elementos flotantes seguidos.

Ajustando la ventana del navegador podría verse así:

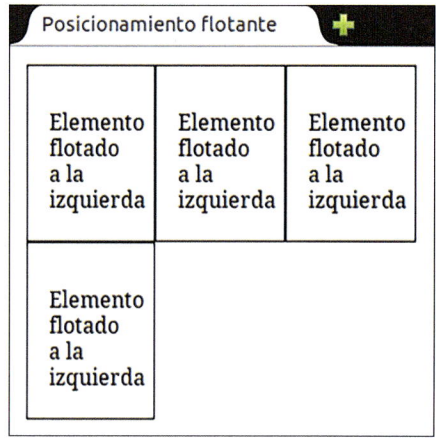

Ilustración 4.21. Varios elementos flotantes seguidos.

Ejemplo: estructura de página con dos columnas

Continuamos con un ejemplo de estructura bastante habitual usando posicionamiento estático y flotante. Para la anchura de los elementos se han utilizado porcentajes, así que se adapta bastante bien a diferentes tamaños de pantalla. La altura está fija en píxeles, porque es un ejemplo sin contenido, solo contiene la estructura básica de la página.

```html
<!DOCTYPE html>
<html>
  <head>
  <meta charset="UTF-8" />
  <title>Estructura de una página</title>
  <link rel="stylesheet" href="posicionamiento.css" />
  </head>
  <body>
  <header><h1>Página con CSS</h1></header>
  <nav>
   <a href="http://www.w3.org">Enlace 1</a>
   <a href="http://www.w3.org">Enlace 2</a>
   <a href="http://www.w3.org">Enlace 3</a>
   <a href="http://www.w3.org">Enlace 4</a>
  </nav>
  <section> Sección principal</section>
  <aside>Contenido lateral</aside>
  <footer>Pie de página</footer>
  </body>
</html>
```

Ejemplo 4.40. Página sencilla para ejemplo de estructura.

El fichero posicionamiento.css referenciado en la cabecera es el siguiente:

```css
header, footer {
   border-radius: 2em;
   box-shadow: 10px 10px 10px black;
}
aside { width:20% }
section { width:70% }
header {
```

```
      height:5em;
      background-color:yellow;
      padding: 1em;
   }
   nav {
     margin: 1em;
     height: 2em;
     background-color: lime;
     text-align:center;
   }
   nav a { margin-right: 2em }
   aside, section {
     height:400px;
     float:left;
     margin-left: 1.5%;
     margin-right: 1.5%;
     padding-left: 1%;
     padding-right: 1%;
     padding-top: 1em;
     margin-top: 2em;
     margin-bottom: 2em;
     background-color: lightblue;
   }
   footer {
     text-align:center;
     clear:both;
     background-color:lime;
     height:2em;
   }
```

Ejemplo 4.41. Estilo para estructurar la página web.

En la parte superior hay un elemento *header* y debajo un elemento *nav* que hace de barra de navegación. Los enlaces podrían ser las diferentes secciones de la página.

El contenido principal de la página se divide en dos: un elemento *section* grande a la izquierda y un elemento *aside* más pequeño a la derecha. Entre ambos se reparten el 100 % del ancho disponible. Además del ancho, (70 % y 20 %)

section y *aside* tienen margen y relleno que afectan al ancho total. En ambos casos, hay un 1.5 % de margen y un 1 % de relleno a cada lado (izquierdo y derecho). Eso hace que *section* ocupe un total de 75 % (70 % + 2*1.5 % + 2*1%) y *aside* un 25 % (20 % + 2*1.5% + 2*1%).

Abajo del todo hay un elemento *footer*. Los elementos *footer* y *header* tienen bordes redondeados y sombra.

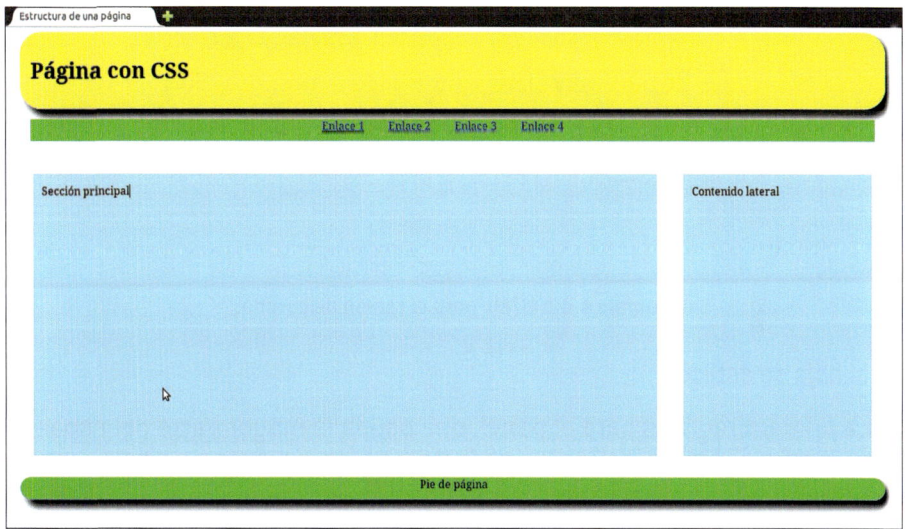

Ilustración 4.22. Estructura de una página con elementos semánticos y CSS.

Ejemplo: tablón de corcho

Ahora vamos a ver cómo crear una página con aspecto de tablón de corcho. La información de la página está contenida dentro de notas colgadas en el tablón.

El fichero HTML es bastante sencillo. Para representar el panel se utiliza un elemento *div* con *id* "paneldecorcho". Para representar las notas, elementos *div* con clase 'nota'.

```
<!DOCTYPE html>
<html>
    <head>
        <meta charset="UTF-8" />
        <title>Panel de corcho</title>
        <link rel="stylesheet" href="paneldecorcho.css" />
    </head>
    <body>
```

```
                <header>
                        <h1>Notas colocadas <em>aleatoriamente</em>
                        </h1>
                </header>
                <div id="panel">
                        <div class="nota">Ir a la tintorería</div>
                        <div class="nota">Ir a la tintoreía</div>
                        <div class="nota">Ir a la tintoreía</div>
                        <div class="nota">Ir a la tintoreía</div>
                        <div class="nota">Ir a la tintoreía</div>
                </div>
        </body>
    </html>
```

Ejemplo 4.42. HTML para el tablón de corcho.

En la hoja de estilo:

- La primera regla es para el panel, que ocupa la mayor parte del espacio. También hay reglas para el ancho de los bordes y para el color de bordes y fondo.

- La segunda es para las notas. Además de poner el fondo blanco, anchura y altura se definen con porcentajes para que se repartan por el tablón. Con el posicionamiento flotante se posicionan correctamente aunque se añadan más notas.

- A continuación, hay dos reglas que sirven para rotar las notas de manera que den un aspecto desordenado. Las que estén en posición par están rotadas cierto ángulo; las que están en una posición múltiplo de tres, en otro.

- Para finalizar, la regla con selector *.nota:after* crea la chincheta de la nota. Añade un espacio con *content* y le da forma redondeada. Además, usa un gradiente radial para mejorar el efecto de la chincheta.

```
#panel {
        position: absolute;
        width: 80%;
        height: 80%;
        border-style: solid;
        border-width: 12px;
```

```css
        background-color: #DB6E00;
        border-color: #F2D841;

}
.nota{
        position: relative;
        width: 17%;
        height: 23%;
        padding: 2% 1% 1% 1%;
        margin: 1% 3% 1% 3%;
        float: left;
        background-color:white;
        display: inline;
        /* sombra */
        box-shadow: 6px 5px 3px hsla(0,0%,0%,.2);
}
/* transformaciones para dar aspecto desordenado */
.nota:nth-child(even){
        transform: rotate(-3deg);
}
.nota:nth-of-type(3n) {
        transform: rotate(2deg);
}
/* la chincheta: añade un espacio, le da forma redonda y color gris */
.nota:after{
        content: " ";
        width: 1.2em;
        height: 1.2em;
        border-radius: .6em;
        position:absolute;
        margin-top:-8%;
        left: 47%;
        background-color: gray;
        /* gradiente para que el circulo parezca una chincheta */
        background-image: radial-gradient(white, gray);
}
```

Ejemplo 4.43. Hoja de estilo para el tablón de corcho.

El resultado es:

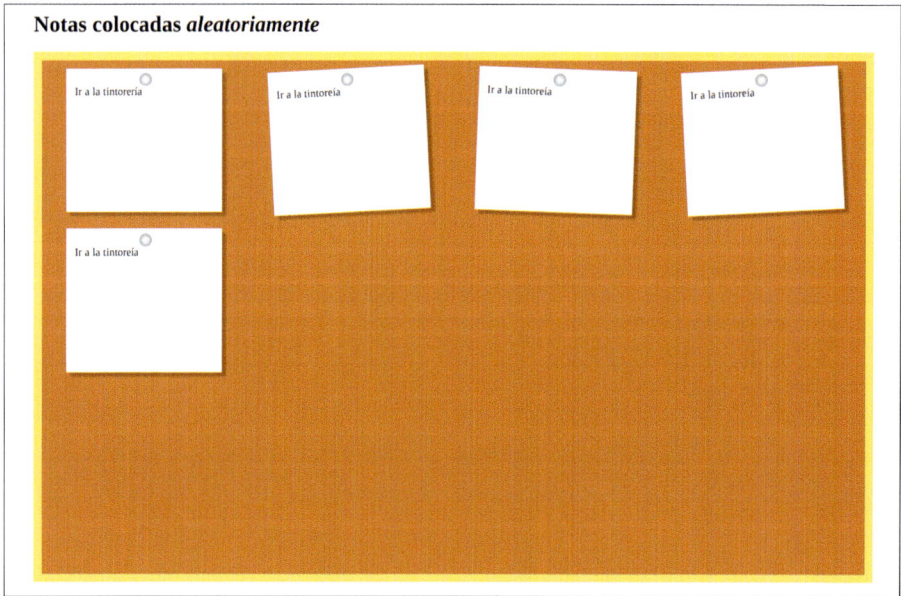

Notas colocadas *aleatoriamente*

Ilustración 4.23. Tablón de corcho.

4.3. Diseño de estilos para diferentes dispositivos

Las *media queries* (se podría traducir como 'consultas sobre el medio o dispositivo') permiten adaptar la presentación de la página a las características del dispositivo con que se accede a la página. Constituyen la base para conseguir un diseño adaptable. Entre otras cosas, con las *media queries* podemos preguntar por:

- El tipo de dispositivo.
- La orientación de la pantalla.
- El ancho de la ventana del navegador.

Valor	Descripción
all	Todos los dispositivos (modo por defecto).
braille	Líneas braille.
embossed	Impresoras braille.
handheld	Móviles.
print	Para impresión.
projection	Proyectores.

Valor	Descripción
screen	Pantalla de ordenador normales.
speech	Lector de pantalla.
tty	Para acceso desde terminal o dispositivos con pantalla muy limitada.
tv	Para pantallas de televisión (baja resolución, color).

Tabla 4.9. Valores válidos para el atributo *media*.

Estructura de una consulta

Una *media query* es una expresión lógica que se evaluará a verdadero o a falso. Cuando se evalúa a verdadero, las reglas asociadas a la consulta entran en vigor. Cuando se evalúa a falso, no se tienen en cuenta.

La primera parte

```
@media ...
```

sirve para indicar para qué tipo dispositivo se aplica la regla. En la tabla 4.8 se listan todos los valores posibles (lo más habitual es distinguir entre *screen* y *print*). Además, se pueden añadir condiciones sobre diferentes propiedades del dispositivo como el tamaño, la resolución y la orientación de la pantalla.

El siguiente ejemplo cambia el color de fondo de los elementos *header,* cuando la orientación de la pantalla es *portrait* (más alta que ancha), para cualquier tipo de dispositivo.

```
@media all and (orientation: portrait) {
        header { background-color: lime }
}
```

Varias de las propiedades admiten los prefijos *min* y *max*. Por ejemplo, si queremos definir algunas reglas que sirvan solo para cuando la anchura de la ventana del navegador sea menor o igual que 800 píxeles:

```
@media all and (max-width: 800px) {
        ...
}
```

En cambio, la siguiente regla se aplicaría cuando la anchura sea mayor o igual que 800 píxeles y solo para pantallas de ordenador normales:

```
@media screen and (min-width: 800px) {

    ...

}
```

La consulta puede incluir múltiples condiciones unidas por *and* y *or*.

```
@media all and (max-width: 800px) and (orientation: portrait){

    ...

}
```

También es posible incluir las *medias queries* al vincular la hoja de estilo a la página.

```
<link rel="stylesheet" href="estilo.css" media="@media all and (max-width: 800px)">

<!-- la siguiente hoja se aplica solo a pantallas normales-->

<link rel="stylesheet" href="estilo2.css" media="screen">

<!-- la siguiente hoja se aplica solo a modo impresión-->

<link rel="stylesheet" href="estilo3.css" media="print">
```

En este caso, la hoja de estilo estilo.css solo estará vinculada cuando se cumplan las condiciones.

Propiedad	Significado	Valores	¿Acepta prefijos min y max?
width/height	Anchura y altura de la ventana del navegador	Un tamaño en cualquier unidad de medida CSS	Sí
orientation	Orientación	landscape si la ventana es más ancha que alta y portrait si es más alta que ancha	No

Propiedad	Significado	Valores	¿Acepta prefijos min y max?
device-width/ device-height	Anchura y altura de la pantalla del dispositivo	Un tamaño en cualquier unidad de medida CSS	Sí
aspect-ratio	Ratio entre anchura y altura en la ventana del navegador	Un número real	Sí
device-aspect-ratio	Ratio entre anchura y altura de la pantalla del dispositivo	Un número real	Sí
color	Bits por cada componente de color	Un número entero	Sí
color-index	Número de colores disponibles en la paleta	Un número entero	Sí
monochrome	Número de bits por píxel en el buffer (para pantallas monocromo)	Un número entero	Sí
resolution	Resolución de la pantalla	Las medidas de resolución son dpi, dppx y dpcm Ej: 300dpi	Sí
scan	Tipo de escaneo en dispositivos tipo "tv"	progresive interlace	No
grid	Tipo de pantalla (dispositivo de salida)	bitmap grid	No

Tabla 4.8. Propiedades para las *media queries*.

A continuación, vamos a ver un ejemplo completo con las siguientes adaptaciones.

- La barra de navegación cambia de posición con la orientación de la página: por defecto la barra aparece a la izquierda del contenido principal, pero si la orientación es *portrait,* pasa a estar sobre el contenido principal.

- El pie de página desaparece si la altura es menor que 900 píxeles.

```css
header {
        background-color: lime;
        padding: 1em;
}
nav {
        background-color: yellow;
        float: left;
        width: 15%;
}
nav a {display: block}
section {
        background-color: lightblue;
        width: 70%;
        height:200px;
        float: left;
        width: 85%;
}
footer {
        background-color: orange;
        padding: 1em;
        clear: both;
}
@media all and (orientation: portrait) {
        nav {
                float: none;
                width: 100%;
        }
        nav a {
                display: inline;
                margin-right:1em;
        }
        section{
                width: 100%;
        }
}
@media all and (max-height:800px) {
        footer{
                display: none;
        }
}
```

Ejemplo 4.44. CSS con *media queries.*

El código HTML es el siguiente:

```
<!DOCTYPE html>
<html>
    <head>
            <title>Media queries</title>
            <meta charset="UTF-8"/>
            <link rel="stylesheet" href="ej_mediaqueries1.css>
    </head>
    <body>
            <header><h1>Página con media queries</h1></header>
            <nav>
                    <a href="#">Vínculo 1</a>
                    <a href="#">Vínculo 2</a>
                    <a href="#">Vínculo 3</a>
            </nav>
            <section>
                    <p>Zona para el contenido principal </p>
            </section>
            <footer>
            Pie
            </footer>
    </body>
</html>
```

Ejemplo 4.45. Código HTML para el ejemplo 4.33.

Cuando cambia la orientación, se aplican nuevas reglas a los elemento *nav*, *section*, y a los elementos dentro de *nav*. En concreto:

- El elemento *nav* deja de ser flotante. Así, *nav* y *section* dejarán de estar uno al lado de otro. El elemento *nav* pasa a estar encima de *section*.

- Cambia la anchura de los dos elementos. Antes se repartían el ancho de la pantalla (85 % y 15 %), ahora los dos ocupan todo el ancho disponible.

- Los vínculos dentro de *nav* (selector *nav* a) pasan a ser elementos de línea. Se añade un margen a la derecha para que estén espaciados.

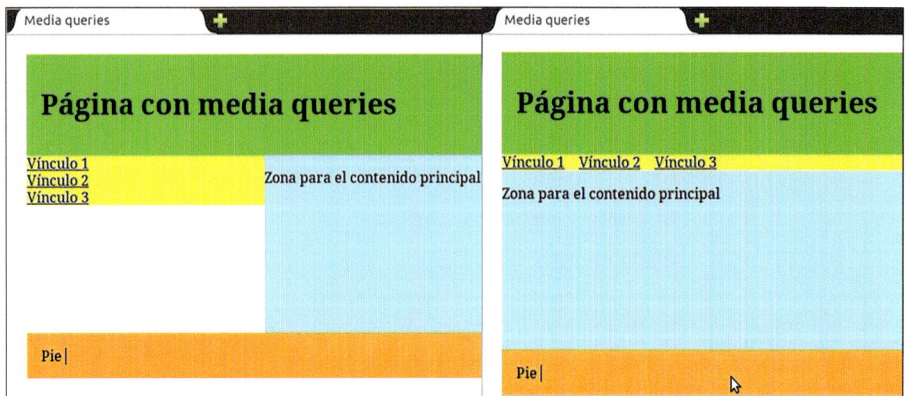

Ilustración 4.24. El aspecto de esta página cambia con la orientación de la pantalla.

Algo similar pasa con el elemento *footer*. Cuando la altura es menor de 800 píxeles se aplica *display:none* y, por tanto, el elemento deja de mostrarse, como se puede observar en la ilustración 4.25, obtenida usando la *vista de diseño adaptable* de Firefox.

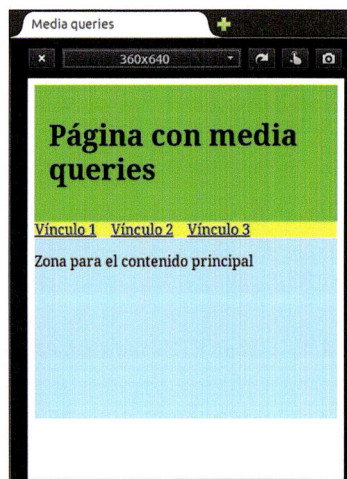

Ilustración 4.25. Cuando el tamaño se reduce, desaparece el *footer*.

El resto de reglas (las que no están sobreescritas por la *media query*) se siguen aplicando.

4.4. Buenas prácticas en el uso de hojas de estilo

A la hora de escribir hojas de estilo, conviene seguir unas pautas básicas, orientadas sobre todo a facilitar su mantenimiento y reutilización:

- Usar comentarios y escribir hojas de estilo fáciles de leer.

- Utilizar hojas de estilo externas.

- Organizar las hojas de estilo de manera modular para que se puedan reutilizar en otras páginas. Además, es más sencillo manejar varias hojas de estilo pequeñas que un grande.

- Combinar elementos con el selector múltiple para no repetir propiedades.

- Utilizar las propiedades resumen.

- Utilizar herramientas específicas para el desarrollo de CSS.

Herramientas útiles

Hay varias herramientas que pueden ayudar en el desarrollo de CSS. A medida que un diseñador va aprendiendo más y desarrollando páginas más complejas, es recomendable que investigue estas herramientas:

- Validador de CSS del W3C.

- Preprocesadores de CSS.

- Programas que evalúan la calidad del código.

- *Frameworks* para CSS.

- Técnicas para acelerar la carga de páginas.

- Limpiadores de código.

Validador de CSS del W3C

Como en el caso de HTML, el validador del W3C (http://jigsaw.w3.org/css-validator/) es la herramienta de referencia para verificar si estamos escribiendo hojas de estilo válidas.

Hay muchos diseñadores web que no están interesados en la validación y que se centran en probar sus páginas en varios dispositivos y tamaños de pantalla. Ciertamente es un punto de vista pragmático y poco discutible. Aun así, conviene pasar todas las hojas de estilo por el validador y tomar nota de los errores y advertencias.

Preprocesadores CSS

Sass es una extensión del lenguaje CSS. Ofrece nuevas opciones de sintaxis para facilitar el desarrollo de hojas de estilo complejas. Por ejemplo, es posible definir variables o herencia entre reglas.

Los desarrolladores de Sass no escriben ficheros CSS normarles. Escriben ficheros Sass que se transforman automáticamente en ficheros CSS. Estos son los que finalmente se usarán en producción. Por ejemplo, este fichero

```
$font-stack: Helvetica, sans-serif;
$primary-color: #444;
body {
 font: 100% $font-stack;
 color: $primary-color;
}
```

Ejemplo 4.46. Fichero Sass (.scss).

se transforma en:

```
body {
 font: 100% Helvetica, sans-serif;
 color: #444444;
}
```

Otra característica útil es la posibilidad de anidar reglas CSS. Si se introduce una regla dentro de otra, el selector de la regla interna se aplica adicionalmente en el de la externa. Esto permite escribir reglas más compactas y mejor organizadas. Por ejemplo:

```
p {
 transition: font-size 2s;
 :hover { font-size: xx-large }
}
```

se transforma en:

```
p { transition: font-size 2s }
p:hover { font-size: xx-large }
```

En Sass se pueden usar dos sintaxis diferentes. La original, también llamada Sass, no es muy parecida a la sintaxis de CSS (está basada en la indentación, como el lenguaje Python). Posteriormente se publicó SCSS (Sassy CSS), que tiene una sintaxis basada en CSS y está considerada como la opción preferente.

Organizadores y limpiadores de hojas de estilo

Hay muchos optimizadores *online* disponibles (http://csstidyonline.com/, http://tools.maxcdn.com/procssor/). Su objetivo es crear hojas de estilo que ocupen menos y sean más fáciles de entender y mantener. Aunque las funcionalidades de cada uno pueden variar, las más habituales son:

- Limpiar espacios en blanco y comentarios.

- Eliminar reglas redundantes o que no llegan a aplicarse.

- Transformar los valores de los colores al formato que menos ocupen.

- Unir varias propiedades en propiedades resumen.

Técnicas para mejorar la velocidad de carga de las páginas

Una de las cuestiones más importantes en el diseño web es el tiempo de carga de la página. En el tiempo de carga se incluye no solo la cantidad de información que engloba la página, sino en cuantos ficheros se reparta. Esto es así porque para cada fichero que queramos descargar hay que realizar una nueva petición al servidor, y esta comunicación conlleva un tiempo de establecimiento adicional al de transmisión de datos. Por lo tanto, se tarda más en descargar 10 ficheros de 1k que un fichero de 10k.

Normalmente en una página web habrá más de una CSS. Es habitual que las hojas de estilo grandes se partan en varias para que sean más reusables y fáciles de entender.

Los desarrollares podrían ocuparse de esto manualmente. A la hora de subir las hojas de estilo al servidor, podrían unirlas todas en un solo fichero cortando y pegando, modificar los ficheros HTML para que vincularan la nueva hoja de estilo y subirla al servidor. Lo malo de este enfoque es que, cada vez que hagamos un cambio en alguna de las hojas, hay que repetir todo el proceso.

Para automatizarlo, podemos usar algo como *minify*. Es una aplicación PHP que permite acceder a un solo fichero minificado a través de una URL. Mediante una interfaz gráfica, podemos elegir qué ficheros (de los presentes en el servidor) queremos unir en uno y asignarles una URL. Cuando se pida al servidor esa URL, devolverá un solo fichero. Si se realizan cambios en los ficheros originales, basta con subirlos al servidor.

Programas que evalúan la calidad del código

Las herramientas tipo *lint* realizan un análisis estático del código para detectar errores, posibles fuentes de problemas, malas prácticas de programación o ineficiencias. Para CSS, la herramienta CSSLint es una de las más utilizadas. Se puede usar *online* (http://csslint.net/) o a través de línea de comandos.

Por ejemplo, para la regla:

```
#contenedor {
    box-shadow:20px 20px 10px 5px black;
    background: linear-gradient(#339933,#00FF00);
    margin-bottom: 0em;
    float: left;
    width: 85%;
    min-height:300px;
}
```

CSSLint no encuentra errores, pero sí dos advertencias:

- "Values of 0 shouldn't have units specified". Se refiere al atributo *margin-bottom*, que tiene un valor de *0em*. Los valores 0 no deberían llevar unidades.

- "Don't use IDs in selectors". No recomienda usar el atributo *id* en los selectores (y, por tanto, en el HTML), porque no son directamente reusables. La opción recomendada es usar *class,* aunque hay cierta polémica entre los diseñadores web, puesto que muchos no ven problema en usar el atributo *id.*

En vista de que no hay un consenso sobre la idoneidad de todas reglas de CSSLint, hay opciones de configuración de las reglas con las que queremos que se revisen las hojas de estilo para adaptarlas a nuestras preferencias.

Frameworks para CSS

Los *frameworks* para CSS proveen una serie de herramientas para diseñar páginas web. Su objetivo es acelerar el desarrollo y facilitar la creación de páginas válidas.

Podemos tomar como ejemplo el *framework* Bootstrap, que usa Sass. Fue desarrollado por la compañía Twitter para mejorar la consistencia entre sus aplicaciones y simplificar el mantenimiento. Entre otras herramientas, incluye:

- Hoja de estilo. Una serie de hojas de estilo que cubre la mayoría de los elementos de HTML, para dar un aspecto uniforme y elegante. Hay una hoja de estilo básica y un tema adicional más vistoso.

- Componentes reusables: botones, pestañas, barras de progreso.

- Componentes JavaScript. Incluye *plugins* de jQuery para crear controles como carruseles o funciones de autocompletado.

Para empezar a usar Bootstrap basta con incluir la hoja de estilo correspondiente. Podemos descargarla o usarla *online*:

```
<link rel="stylesheet" href=
"http://netdna.bootstrapcdn.com/bootstrap/3.1.1/css/bootstrap.min.css">
```

Una vez incluida la hoja de estilo, podemos asignar estilo a través de una serie de clases definidas. Por ejemplo, podemos crear una tabla con borde y fondo de color alternante para las filas así:

```
<table class="table table-striped table bordered">
<caption>Tabla de películas, directores y guionistas</caption>
<tr>
 <th>Película</th>
 <th>Director</th>
</tr>
<tr>
 <td>Los otros</td>
 <td>Alejandro Amenábar</td>
</tr>
<tr>
 <td>Los pájaros</td>
 <td>Alfred Hitchcock</td>
</tr>
</table>
```

Ejemplo 4.47. Añadir estilo con Bootstrap.

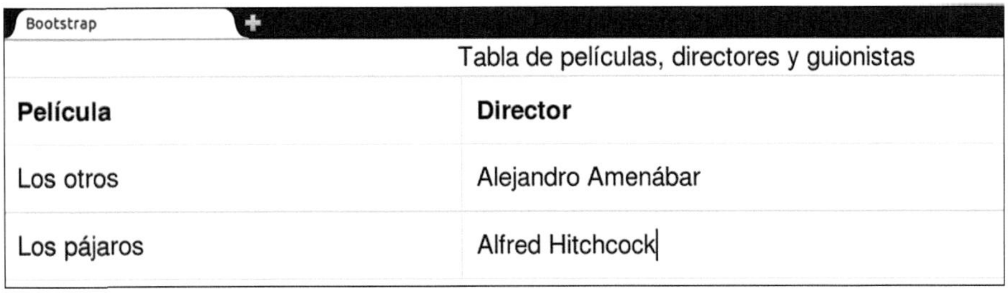

Bootstrap	
	Tabla de películas, directores y guionistas
Película	**Director**
Los otros	Alejandro Amenábar
Los pájaros	Alfred Hitchcock

Ilustración 4.26. Estilo para tablas en Bootstrap.

EJERCICIOS

4.1. ¿Cuál de las siguientes propiedades de estilo no tiene que ver con el modelo de cajas?

a) *width*

b) *top*

c) *color*

d) *padding*

4.2. Marca la afirmación que consideres verdadera:

a) El objetivo principal de las CSS es acelerar la velocidad de carga de las páginas.

b) El objetivo principal de las CSS es mejorar la accesibilidad de las páginas web.

c) El objetivo principal de las CSS es separar la información de la forma en la que se presenta.

d) El objetivo principal de las CSS es mejorar la legibilidad del código HTML.

4.3. ¿Qué propiedad sirve para hacer que un elemento sea de bloque o línea?

a) *display*

b) *background-color*

c) *padding*

d) *list-style*

4.4. Para poner reglas de estilo a un elemento con id="elemento", usaremos:

a) elemento[...]

b) .elemento{...}

c) #elemento{...}

d) elemento{...}

4.5. ¿Cómo se escribe un comentario en CSS?

a) <!--comentario-->

b) /*comentario*/

c) (:comentario:)

d) {comentario}

4.6. Las *media queries* sirven para…

a) Crear reglas específicas para diferentes tipos de dispositivos.

b) Crear bordes redondeados.

c) Crear sombras.

d) Realizar consultas a bases de datos.

4.7. ¿Cuál de los siguientes selectores escogería los elementos *a* con clase 'importacion'?

a) a importacion{…}

b) a.importacion{…}

c) a, importacion{…}

d) a+importacion{…}

4.8. En caso de conflicto, ¿qué hojas de estilo tienen mayor prioridad?

a) Las hojas de estilo externas.

b) Las hojas de estilo internas.

c) Las hojas de estilo en línea.

d) Todas tienen la misma prioridad.

4.9. ¿Cuál de los siguientes no es un modo de posicionamiento?

a) *absolute*

b) *mobile*

c) *fixed*

d) *relative*

4.10. ¿Dónde se incluye una hoja de estilo externa?

a) En el elemento *head,* con un elemento *link.*

b) En el elemento *body,* con un elemento *link.*

c) En el elemento *head,* con un elemento *style.*

d) En el elemento *body,* con un elemento *style.*

ACTIVIDADES

1. Escribe una página con el aspecto de la siguiente imagen. Usa una hoja de estilo externa.

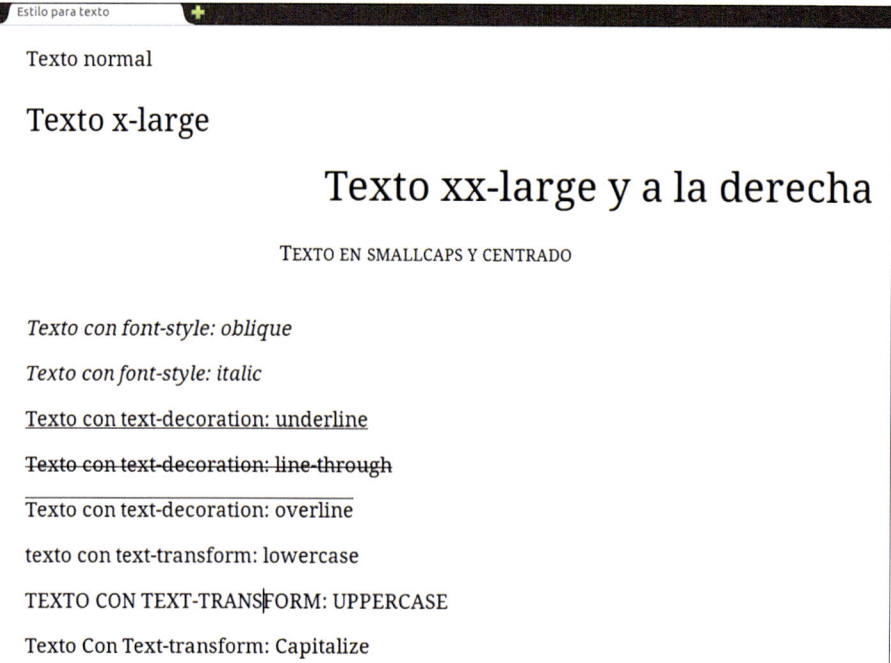

2. Escribe las reglas de estilo necesarias para que los vínculos tengan aspecto de botones.

3. Escribe una página con una lista en la que el marcador vaya alternando, por ejemplo, entre cuadrados y círculos. El resultado tiene que ser similar al de la imagen.

■ Primer elemento
● Segundo elemento
■ Tercer elemento

4. Escribe una página web con una o más imágenes. Escribe las reglas de estilo necesarias para que, cuando el ratón pase por encima de una imagen, esta rote 90 grados.

5. Escribe una página web con una lista. Escribe las reglas de estilo necesarias para que, cuando el ratón pase por encima de uno de los elementos de la lista, este se desplace lentamente hacia la derecha y luego vuelva a su posición original.

6. Escribe una página web con un elemento *div* en forma de cuadrado. Escribe las reglas de estilo necesarias para que, cuando el ratón pase por encima del cuadrado, este se desplace a lo largo de la pantalla. Primero hacia la derecha, luego hacia abajo, luego a la izquierda y que finalmente vuelva a la posición original.

7. Escribe una versión del ejercicio anterior utilizando el elemento *rect* de SVG, en lugar de un *div*.

8. Escribe una página web con varios párrafos. Escribe las reglas de estilo necesarias para que antes de cada párrafo aparezca una nueva línea con el texto "Comienza un nuevo párrafo". El resultado tiene que ser similar al de la imagen.

> Comienza un nuevo párrafo:
> Párrafo 1
>
> Comienza un nuevo párrafo:
> Párrafo 2
>
> Comienza un nuevo párrafo:
> Párrafo 3

9. Escribe una página web con una tabla. Escribe las reglas de estilo necesarias para que después de cada fila aparezca el texto: Fila: <número de fila>. El resultado tiene que ser similar al de la imagen.

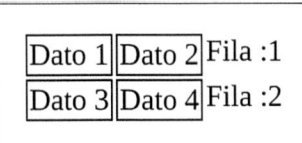

10. Haz una página como la de la imagen con HTML y CSS. Usa una hoja de estilos externa.

- Todos los vínculos se abren en ventana nueva.

- La lista mostrará los valores 'Informática', 'Administración' y 'Comercio'.

- Añade las reglas de estilo necesarias para que el color de fondo de los enlaces de la barra lateral cambie cuando pase el ratón por encima. No debe afectar al vínculo del pie de página.

- Observa las esquinas redondeadas y las sombras.

- Utiliza las etiquetas semánticas apropiadas.

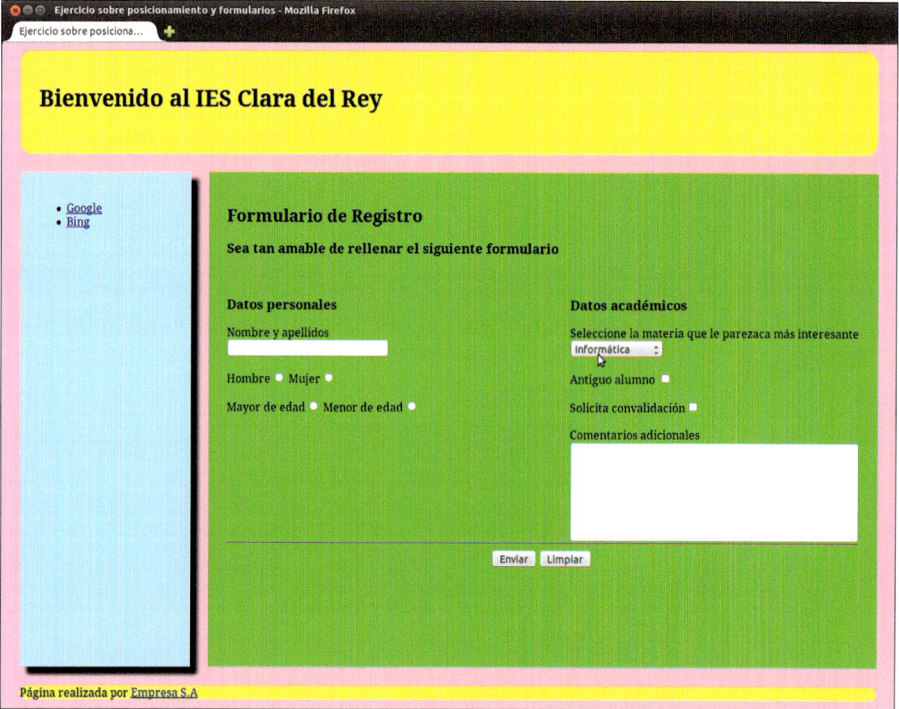

11. Añade reglas de estilo para que la página del ejercicio 10 cambie de aspecto según las características del dispositivo. En concreto:

   - Si la ventana es más alta que ancha, el color de fondo de la cabecera cambia.

   - Si la anchura es menor de 800 px, la barra lateral desaparece y la sección del formulario pasa a ocupar todo el ancho disponible.

12. Escribe una versión del ejercicio 10 en la que el contenido central (el formulario) esté en una página externa y se cargue mediante un elemento *iframe*. Los vínculos laterales también se abrirán en el *iframe*.

13. Valida la hoja de estilo del ejercicio 11 con el validador del W3C (http://jigsaw.w3.org/css-validator/). Haz los cambios necesarios para que no tenga errores.

14. Pasa la hoja de estilo del ejercicio 11 por CSSLint (http://csslint.net/) y por algún optimizador de CSS (como http://csstidyonline.com/) y observa los resultados.

15. Revisa la documentación de Sass (https://sass-lang.com/) e intenta adaptar el ejemplo 4.22 utilizando el anidamiento *(nesting)*.

Referencias

Páginas web

- Especificación oficial de HTML. http://www.w3.org/TR/html5/
- Estado de CSS3. http://www.w3.org/standards/techs/css#w3c_all
- Wiki del W3C. http://www.w3.org/wiki/Main_Page
- CSS Zen Garden (demostración de CSS). http://www.csszengarden.com/

Libros

- *Stunning CSS3 A Project - Based Guide To The Latest In CSS.* Zoe Gillenwater.
- *HTML5 for web designers.* Jeremy Keith.
- *HTML5 y CSS3. Revolucione el diseño de sus sitios web.* Chritophe Aubry.
- *HTML5 y CSS3.* Alexis Goldstein *et al.*
- *El gran libro de HTML5, CSS3 y Javascript.* Juan Diego Gauchat.
- *Introducing HTML5.* Bruce Lawson, Remy Sharp.
- *The definitive guide to HTML5.* Adam Freeman.
- *Smashing HTML5.* Bill Sanders.

Validadores

- Validador de CSS. http://jigsaw.w3.org/css-validator/
- Validador de HTMI y XHTML. http://validator.w3.org /
- Validador para móviles. http://validator.w3.org/mobile/

Herramientas útiles para el diseño web

- Selector de colores. http://www.colorpicker.com/
- Creación de iconos. http://iconion.com/posts/icon-maker/
- Conversión de ficheros de audio vídeo. http://www.online-convert.com
- CSSLint. http://csslint.net
- Sass. http://sass-lang.com/
- Herramientas para esquemas: Lucidchart (https://www.lucidchart.com), Figma (https://www.figma.com).